私でも他力信心は得られますか？

和田真雄

法藏館

私でも他力信心は得られますか？　＊目次

凡夫のままで、どうやって救われるのか

他力信心がわかりません

私でも他力信心は得られますか?

凡夫のままで、どうやって救われるのか

一、凡夫のままで救われても、うれしくない

浄土真宗の説く他力信心の教えは、仏道修行のできない、凡夫のための教えです。どんな凡夫であっても、阿弥陀如来のご本願を信じれば必ず救われるという、平等の救いを説く教えです。だからこそ、ありがたい教えである、尊い教えであると喜ばれているのです。ところが現代では、「凡夫のままで救われる教え」といわれても、あまりうれしい気持ちが起きてこないように思います。それよりも、「こうすれば今より良くなる」とか、「こうすれば病気が治る」という道を教えてもらいたいと思う人のほうが多いのではないでしょうか。

凡夫というのは、親鸞聖人が『唯信鈔文意』で、

具縛は、よろずの煩悩にしばられたるわれらなり。煩は、みをわずらわす。悩は、こころをなやますという。

と説かれているように、もともと悩みや苦しみが多い存在なのです。だからこそ、悩みや

煩いを少しでもなくして、楽に日暮らしができるようになりたいと願うのでしょう。

そのように、現状を変えて、より楽に生きていきたいと願っている私たちですから、「凡夫のままで救われる」と説かれても、なかなか「ありがたい教えを聞かせていただいた」と、喜びの心が湧いてくるようなことにはなりません。これは、考えてみれば当然のことなのです。その結果として、「凡夫のままで救われても意味がない」とか、「凡夫でなくなる教えを聞きたい」と思うようになってくるのでしょう。

では、「凡夫が凡夫のままで救われる」という浄土真宗の教えは、意味のない、人生の役に立たない教えなのかというと、決してそんなことはありません。私は、カウンセラーとして多くの人たちの悩みを聞いてきていますが、その体験のなかで感じることは、「凡夫のままで救われる」という世界が確かにあり、また、「凡夫のままで救われる」という世界によってしか救われない人たちが、確かに居るということです。

そこで、私がカウンセリングをとおして実感してきたことを踏まえながら、「凡夫のままで救われる」と説かれる他力信心の救いの世界が、どのような意味を持っているのか、さらにそれを、どのようにしてわが身にいただいていくかということを、できるだけ具体的な事例をとおしてお話したいと思います。

二、生きることの意味が見つかれば救われる

突然襲ってきた不幸

まず初めは、七十五歳のおじいさんの話です。この人は、六十歳までサラリーマンとして働き、定年退職をしました。その後、再就職をしてバスの添乗員になりました。一人息子は、国立大学を卒業して、地元の市役所に就職しています。その息子が結婚するときには、息子のための家を新築して、独立させました。それからは、おじいさん夫婦の二人暮らしが続いていました。

おじいさんは、旅行と写真撮影が趣味でした。それで、暇を見つけては妻と二人で旅行に出かけて、いろいろな風景を撮影していました。そして、おじいさんは、旅先で撮影した思い出の写真を眺めながら、「幸せな老後だなあ……」と、しみじみと喜びをかみしめていたのです。

そのように幸せだったおじいさんが、七十二歳のときに脳内出血を起こして、左半身麻痺という後遺症が残る体になってしまったのです。おじいさんは熱心にリハビリに励みま

したが、歩けるようにはなりませんでした。

退院できるようにはなったのですが、問題がありました。自宅を改造しなければいけないということです。おじいさんは左半身麻痺の体ですから、車椅子での生活になります。そのために、自宅を、車椅子で移動できるように改造しなければなりません。

それでも、おじいさんは幸せです。自分と妻が住む家と、息子の家と、家が二軒もあるのです。さらに、妻も元気ですし、息子の嫁も居ますから、自宅で療養するといっても、介護には何の不安もありません。そこでおじいさんは、自分の家を改造するか、息子の家を改造してそちらで療養したほうがいいのか、具体的に家族と相談を始めたのです。

ところが、思わぬことが起きました。頼りにしていた一人息子が、三十五歳という若さで、胃癌のために亡くなってしまったのです。あとには三人の子どもが残されました。一番小さい子どもは、まだ五歳でした。

亡くなった息子の嫁は、生活のために外に働きに出ることになり、おばあさんが三人の孫たちの世話をすることになりました。そのようにして、一家の大黒柱がいなくなったとはいえ、なんとか今後の方針がたち、落ち着きを取り戻すことができたのです。しかし、問題は、病院に入院しているおじいさんです。

息子が亡くなるまでは、自分は、妻にも息子の嫁にも面倒をみてもらえると、大安心でいることができました。おじいさんは、そのことを心の底からうれしく思って、身の幸せを心でかみしめていたのです。

ところが、突然息子が亡くなり、嫁が外に働きに出るということになると、もうそんなことを考えていられるはずもありません。そのうえ、おばあさんも孫の世話で精一杯ということになると、だれもおじいさんの面倒をみてくれないかもしれません。おじいさんは、病院で一人、気を揉む日々を過ごすことになってしまいました。

老人ホームへ

ある日、妻が病院へ来て、おじいさんに言いました。

「家に帰って来てもらっても、十分なお世話ができないから、老人ホームに入ってほしい」

その言葉を聞いたおじいさんは、目の前がまっ暗になってしまいました。そして弱々しい声で、

「老人ホームなんて、イヤだ」

とつぶやいていました。二人は、長いあいだ黙ったままでした。おじいさんは、「自分が

老人ホームに入れられるなんてことが、あるはずがない」と、心のなかで何度も何度も思いました。

「自分は、頑張って家を二軒も建てた。そんな自分が、老人ホームになんか入れられるはずがない」と思っていたのです。また、こんなことも考えていました。「これまで一生懸命に家族を養ってきた自分が、老人ホームになんか入れられるはずがない」と。

おじいさんは、結婚して家を建て、子どもを育て、そして子どもを一人前にして、新居まで建てました。そして、ついこのあいだまで働いていて、生活を支えていました。そのようにして、おじいさんが精一杯頑張ってきたおかげで、家族みんなが幸せな生活をしていたのです。あとはのんびり余生を送るだけ、家族と一緒に静かな人生を送るのだと信じて、疑ってもみなかったのです。

そんな思いでいたおじいさんですから、家族に見捨てられて、老人ホームに入るなんて、とても受け入れられるはずがありません。

おじいさんは、何度も何度も頭を下げて頼みました。

「家に帰らせてほしい。何も世話してくれなくてもいいから」

どんなに頼んでも、妻は「帰って来てもいい」とは、最後まで言ってくれませんでした。

どんなに悲しくても、どんなにつらくても、おじいさんは自分の力ではどうすることもできません。そして、とうとう老人ホームに入ることを認めざるをえなくなったのです。

老人ホームに入所する日、車で老人ホームまで送ってもらいました。車から降ろされ、車椅子に乗せられて、いよいよ老人ホームの玄関までやってきました。車椅子は、妻が押してくれています。おじいさんは、涙が止まりません。「どうしてこんなことになってしまったのか」「自分の一生は何のためだったのか」と、いろいろな思いが心に湧き起こってきて、とても平静ではいられませんでした。しかし、やはり自分の力では、その状況を変えることはできないのです。そして、どんなに悲しくても、その現実を受け止めるしかないのです。

いよいよ車椅子が老人ホームの玄関に着きました。自動ドアが開き、中へ入ったとたん、おじいさんの目に飛びこんできた様子が、おじいさんの心を粉々に砕いてしまいました。

老人ホームは、あまりにも静かでした。実際には何人ものお年寄りが居たのですが、じっと座ったきり、みんな静かにしているのです。おじいさんは、そのあまりの静かさに、自分の人生はもう今日で終わったと思いました。これから先は、何一つ楽しいことはないだろう。ただ命が終わるのを待つだけの静かな日々が続くのだと、思いを決めたのです。

次の日から、おじいさんは周りのだれとも口をきくこともなく、ただ死ぬのを待つだけという生活を始めました。朝、昼、晩と、出される食事こそ食べましたが、だれとも口をきかず、ただじっと死ぬのを待つだけという時を過ごすことになったのです。

朝食がすむと、もう何もすることがありません。だれとも口をきかず、黙ってじっとしています。そのうちに昼になり、食事がすむと、また黙って、じっと死ぬのを待つのです。夕食がすんだら、もう寝るだけです。だれとも口をきかず、ただ黙って死ぬのを待つだけの毎日が続いていきました。

夢も希望もない老人ホームに入れられたのですから、無理もありません。頑張っても決して元には戻らない体を抱え、しかも自分一人では何もできない体なのですから、何かをしようという思いも湧いてきようがありません。だからおじいさんは、毎日毎日ただ死ぬのを待つだけの日々を繰り返していったのです。

それにしても、このおじいさんは本当に頑固でした。一年たっても、だれとも口をきかず、文字どおり、黙って死を待つだけの日々を重ねたのです。そして、とうとう一年半が過ぎ、七十五歳の誕生日が近くなったある日のことでした。

何も変えることのできない悲しさ

老人ホームで、毎月一回行われる誕生日会がありました。老人ホームのホールで、にぎやかな声がしています。その様子が、おじいさんの耳にも届いてきました。おじいさんは、もちろん自分の部屋で、一人で居ました。そのおじいさんの耳に、誕生日会のにぎわいが聞こえてきたのです。そのとき、おじいさんは、ふっと考えました。

「そういえば、私も七十五歳になるんだなあ……」

あらためて自分の年齢に気がついたおじいさんは、老人ホームに来てから一年半のあいだ、だれとも口をきかずに、ただ黙って死ぬのを待つだけの日々を送ってきたことを思い返しました。そして、その思いのなかで、

「こんな日々が、あと何年続くのだろうか」

と考えたのです。八十五歳まで生きるとして、あと十年あります。百歳まで生きるとすると、あと二十五年も、このような毎日を繰り返さなければならないのです。そのことに気づいたおじいさんは、急に焦り始めました。

「こんな毎日を、十年も二十年も続けることなんかできない」

そして、何かをしなければ、この先、生きていくことができないと気がついたのです。長

い長い沈黙の生活が、ようやく終わりを告げた瞬間です。

死ぬのを待つだけという後ろ向きの生き方が終わり、生きていこうという前向きな心が出てきたのです。このように、前向きに生きていこうとする心が育つまでに、おじいさんには一年半もの長い時間が必要だったのです。

家族のためにと一生懸命に働いてきたのに、脳内出血で体が半身麻痺になり、老人ホームに入れられて、夢も希望もないと、死ぬのを待つだけの毎日でした。しかし、そのような愚痴の世界は、もう終わりを告げたのです。そして、前向きに生きていこうという意欲を、今ようやく取り戻したのです。

それからのおじいさんは、「何かをしなければ生きていけない」という思いで、今の自分にできることはないかと、必死になって探しました。昔は旅行と写真撮影が趣味だったのですが、今は車椅子に乗るのがやっとのおじいさんです。老人ホームの外に出ていくことも、自由にはできません。でも、何かできることがあるのではないかと、必死になって考えました。

でも、半身麻痺のおじいさんには、できることがないのです。生きがいを持って、最後まで生ききるために、何かをしなければならない。そのことに気がつき、前向きに生きていこうと、愚痴の世界をようやく抜け出したのですが、現実には、何もできない年寄りでしかなかったのです。

これが、若い人であれば、何もできないということはありません。愚痴の世界を抜け出して、前向きに生きていこうと決意すれば、そして努力を重ねていけば、必ず道は開けてくるのです。しかし、高齢者の場合には、どれほど前向きな心を取り戻したとしても、できることがないという現実があるのです。

このように、自分の力では現状を変えることができず、しかも現実に安んずることもできないというのが、凡夫の真実の姿なのです。

今、おじいさんは、前向きに生きていこうと決意したことによって、逆に何もできない自分の現実に気づかざるをえなくなりました。しかも、このままでは生きていけないと、現実を受け止めることもできないという、まさに凡夫であることの苦しみに直面せざるをえないという状況に陥ってしまったのです。

おじいさんは、焦りました。「このままでいいわけがない。何かをしなければ、十年、二十年と生きていけるはずがない」と気がつき、前向きに立ち上がったにもかかわらず、「何もできることがない」という現実の自分を見せつけられて、よりいっそう深い悲しみに沈んでいくことになってしまったのです。

心が救われるきっかけ

悲しみに沈んだおじいさんの心を救うきっかけになったのは、一枚の懸賞ハガキでした。

何かをしなければ生きていけないと気がついて、自分にできることを探し始めた結果、「何もできることがない」と、より深い絶望に沈んでしまったおじいさんでした。それでもあきらめきれずに、「今の自分にできることはないか」と考え続けたおじいさんの心に、ある思い出が浮かんできたのです。それは、かつて新聞に出ていた懸賞に応募して、一泊二日の旅行を当てたという思い出でした。旅行好きだったおじいさんは、妻と二人で旅行をして、とても楽しかったことを思い出したのです。そして同時に、「ハガキを出すくらいのことなら、今の自分にもできる」と思いつき、早速、新聞の綴りを見に行きました。

すると、新商品のキャンペーンやアンケートのようなもの、さらにはクロスワードパズルのようなクイズまで、いろいろなものがあるではありませんか。おじいさんは、「これならできる」と、懸賞ハガキを出すことを始めたのです。

それからは、一日に二枚か三枚、懸賞の応募やアンケートに答えるハガキを出すようになりました。ほかには何もすることがありません。いえ、できることがありません。だからおじいさんは、ハガキを出すことを唯一の楽しみにして、毎日毎日出し続けていったのです。

欲がなく、楽しみで出し続けたハガキですが、そのうちに賞品が当たるようになりました。最初に当たったのは、「全日本牛乳協会」のアンケート賞品で、大きな電卓が当たりました。立派な品でしたが、自分で使うには立派すぎます。どうしたものかと思案した結果、一番大きな孫に送ってあげることにしました。こんなものをいきなり送ったら何を言われるかわからないとは思いましたが、ほかに思いつきませんでしたから、「とにかく送ってしまえ」と、思い切って送りました。

すると、次の休みの日に、孫が妻と一緒に老人ホームに来てくれたのです。そして「立派な電卓を送ってくれて、ありがとう」と、丁寧にお礼を言ってくれたのです。

おじいさんは、心の底から「うれしい」と感じました。老人ホームに来てから二年間あまり、ずっと「家族に捨てられて、もう生きていてもしかたがない」と、愚痴の世界に閉じこもっていたおじいさんだったのです。ところが、これではいけないと、前向きな心を取り戻し、懸賞ハガキを出すようになったところで、電卓が当たり、それを孫に送ったところ、孫がわざわざお礼を言いに来てくれたのです。捨てられたと思いこんでいた家族が、自分の目の前にまた帰ってきたのですから、おじいさんは本当にうれしかったのです。孫が帰っていったあとで、おじいさんはしみじみと思いました。

「死ななくて、よかった」

孫が見舞いに来てくれるというれしい出来事があってから、おじいさんは、いちだんと元気になってきました。「自分は家族に捨てられたわけではない」という思いが、おじいさんの元気の元になったのです。しかし、だからといって、ハガキを出すこと以外には何もできないおじいさんであることに変わりはありません。だから、毎日ハガキを出すだけなのですが、少しずつ元気になってきて、毎日ハガキを出すことが、いよいよ楽しみになってきたのです。

心の変化に気づく

楽しみながらハガキを出す日々が続くなかで、おじいさんはあることに気がつきました。それは、毎日が期待で始まるようになったということです。

愚痴の世界に沈みこんでいたときには、「早く死んでしまいたい」としか思っていませんでした。夜になって床に就くときには、「寝ているあいだに死ねないだろうか」と、ひたすら願っていました。ところが、朝になると、やっぱり目が覚めます。そして思うことは、「ああ、やっぱり死ねなかったか」という嘆きです。そして、さらに「また長い一日が始まるんだなあ」と、絶望的な思いのなかで一日が始まっていたのです。

ところが、ハガキを出すことを始めてからは、ガラリと変わりました。朝になって目が覚めて、一番最初に思うことは、「今日は何かいいのがあるだろうか。何枚ぐらい出せるだろうか」ということに変わったのです。それまで絶望的な嘆きのなかで始まっていた一日が、期待で始まる一日に変わっていたのです。おじいさんは、そのことに気がついたとき、「これなら、この先も生きていける」と、実感できたのです。

愚痴の世界に沈んでいたのでは、人間は生きていけません。生きようという意欲を持ち、生きていることに喜びが感じられなければ、生き続けることはできません。おじいさんは、今、そのような生きる意欲と生きる喜びを実感することで、「生き続けていける」自分を見つけることができたのです。

そのように、いよいよ元気になってきたおじいさんのところに、山梨県知事からダンボール箱にぎっしり詰まった二十世紀梨が送られてきました。「山梨県物産プレゼント」というのにハガキを出していたのが当たったのです。しかし、一人で食べるには多すぎる量です。そこで、老人ホームの人たちに配ることにしました。同室の人から近くの部屋の人に、あるだけ全部配って歩いたのです。

すると、梨をもらった人たちが「ありがとう」と、お礼を言いに来てくれたのです。今まで二年ものあいだ、だれとも口をきかなかったおじいさんでしたが、それをきっかけにして、周りの人と話をするようにもなり、老人ホームの行事にも参加するようになりました。

今まで黙っていた分を取り戻すかのように、おじいさんは、周りの人たちと積極的に話をするようになりました。そして、多くの人たちから身の上話を聞きました。みんな、さまざまな人生を歩んでいました。悲しいことやつらいこと、苦しいことや悔しいことをたくさん抱えた人生を歩んでいました。

おじいさんは、今の今まで、「自分ほどかわいそうな人生を歩んだ人間はいない」と思いこんでいました。一生懸命努力して、生涯に家を二軒も建て、精一杯頑張って家族を養ってきたのに、その家族に捨てられて老人ホームに入れられてしまったのですから、「こんな報われない人生はない」と思いこみ、「世界で一番不幸な人生を歩んでいるのは自分だ」と、かたく信じていたのです。

確かに、おじいさんの人生も不幸です。生涯の努力が報われなかったということでは、期待はずれの人生であったことに間違いはありません。だからこそ、おじいさんは老人ホームに入所してきたとき、「もうこれで自分の人生は終わった」と、死ぬのを待つだけの生活を始めたのです。

おじいさんは、そんな自分の不幸な人生を周りの人にもわかってもらいたいと、熱心に話をしました。それを聞いて、みんな「それはつらかったねえ」と、同情してくれたのです。自分の話を聞いてもらったおじいさんは、今度は周りの人の話を聞きたくなりました。「どうして老人ホームに来ることになったのか」、これをぜひ聞いてみたくなったのです。

多くの人から、それぞれの人生を聞かせてもらううちに、おじいさんは気がつきました。今までは「自分が世界で一番不幸な人生だ」と思っていたのですが、それはとんでもない間違いだったのです。話を聞けば聞くほど、「不幸な人生」はたくさん出てきました。悲しいことやつらいこと、苦しいことや悔しいことがぎっしり詰まった人生が、いっぱい出てくるのです。周りの人たちから聞かされる身の上話は、おじいさんよりももっとかわいそうなものがたくさんありました。それに気がついたおじいさんは、いつのまにか、「自分が世界で一番不幸」という愚痴の世界からすっかり抜け出していたのです。

愚痴の世界から抜け出す

それればかりではありません、おじいさんは、もう一つ気がつきました。それは、「老人ホームに入ったら、もう人生はおしまい。生きていてもしかたがない」という思いこみが、間違っていたということです。

おじいさんは、二年前に初めて老人ホームに来たとき、あまりの静かさのために「人生の墓場」を感じました。だからこそ、それ以後、だれとも口をきかないで、ただ死ぬのを待つだけの日々を送ったのです。そのときおじいさんは、「こんな身の上になったら、もう生きていても意味がない」と思いました。周りを見ても、ただ死ぬのをじっと待っているだけに思えたのです。だからこそ、絶望して愚痴の世界に沈んでしまったのです。

ところが、周りの人と話をしてみると、決してみんなが絶望して自分の人生を投げ出してしまっているわけではありませんでした。自分よりも不幸な人生は、たくさんあります。自分よりももっと気の毒な状況を抱えている人も、たくさんいます。では、その人たちがみんな絶望して、人生を投げ出しているのかというと、そうではなかったのです。多くの人が、自分の人生の悲しみやつらさを、苦しみや悔しさを全部胸のなかにたたみこんで、自分の人生のすべてを背負って、命のかぎり生き抜こうと、健気に前へ前へと歩みを続けようとしていたのです。

おじいさんは、精一杯生き抜こうとしている周りの人たちを見て、自分が恥ずかしくなってしまいました。「自分が世界で一番不幸」だと思いこみ、自分の不幸を振りかざして愚痴に沈み、人生を投げ出してしまっていたことが、恥ずかしく思えたのです。周りの人たちは、不幸を乗り越え、今を受け入れて、精一杯生き抜こうとしていました。決して、終わってしまった人生だとあきらめて、死ぬのを待っているだけという後ろ向きの人生を送っていた人たちではありませんでした。そのようにしか見えなかったのは、おじいさんの勝手な思いこみでしかなかったのです。そして、その勝手な思いこみのなかで、おじいさんは、「もう人生は終わりだ」と勝手に人生を投げ出して、愚痴の世界に沈みこんで、絶望のなかで生きることになってしまっていたのです。

その自分勝手な思いこみに気がついたおじいさんは、周りの人たちを見る目がまったく変わりました。今までは、老人ホームに入るような人たちは、生きる価値のないやっかい者だと思っていました。そして、自分もそんな人たちの仲間になったと思いこんでいたことから、愚痴の世界に沈んでしまっていたのです。

しかし、おじいさんは、自分の思いが間違いだったことに気がついたのです。老人ホームの人たちは、それぞれの人生をしっかりと背負って、与えられた命を最後の最後まで精一杯に生き抜いていこうと、前へ前へと歩みを進めている尊い人たちでした。自分の不幸を振りかざして愚痴に落ちこむこともなく、「これが自分に与えられたご縁です」と、すべてを荷って生き抜こうとしておられた、尊い人生の先輩だったのです。

そのことに気がついたおじさんは、「自分もそんな尊い生き方をする人間になりたい」と感じました。そして、周りの人たちの仲間に入れてもらって、最後までしっかりと生き抜いていこうと、覚悟を決めることができたのです。

生きることの意味を見つける

愚痴の世界から抜け出して生きる意欲を取り戻したおじいさんですが、客観的に見れば、以前と何かが変わったわけではありません。老人ホームに入れられ、半身麻痺で車椅子に乗るのがやっとという年寄りであることに変わりはありません。夢や希望があるわけでもなく、懸賞ハガキを出すことしかできない身の上であることにも変わりはありません。しかし、心のうちは変わったのです。与えられた命を、最後の最後まで精一杯に生き抜いていこうと、前向きに立ち上がることができたのです。状況が変わらなくても、何かが良くならなくても、心安らかに生きていける世界というのが、ここに現れているのです。

では、何がおじいさんの心を愚痴から生きる意欲へと変えたのでしょう。それは「生きることの意味」が見つかったということなのです。おじいさんが愚痴の世界に沈んだのは、「こんな姿になったら、もう生きていてもしかたがない」と思いこんだからです。つまり、生きる意味がないと思いこんだからです。

一般的には、病気が治るとか家族と一緒に暮らせるようになれば、再び生きる意味が感じられるようになりますから、「病気が治ってほしい」「家族のもとに帰れれば」と、状況が良くなることを願ったり、良くなるように努力したりすることになります。そこで状況が変えられないということになると、もう絶望して、愚痴に沈むしかないということになってしまうのです。しかし、状況が変わらなくても、今の自分の「生きる意味」が見つかれば、私たちは生きていくことができるのです。

おじいさんは、老人ホームの入所者たちから、どんな姿になったとしても、最後まで前向きに生ききることの尊さを教えられたのです。どんな人生を送るかでもなく、何をして人生を送るかでもない。ただ、与えられた命を生ききることが尊いと教えられたことによって、良い人生だとか悪い人生だとかという評価を離れることができたのです。そして、ただ生ききることの尊さを心に抱いて、周りの人たちとともに生き抜いていこうと覚悟を決めることができました。そのように生ききること自体に意味があることを知ることができたために、おじいさんの心に安らかに生きる道が開かれてきたのです。

これが人間の心が救われる一つの姿です。状況が良くならなくても、自分の命を生きることの意味が実感できれば、ありのままで、心安らかに生きていくことができるのです。

三、不幸を呼ぶのは私の心だった

体が不自由になった悲しみ

七十五歳の栗田さんが、老人ホームに入ってきました。脳内出血の後遺症で、右の手足が不自由になり、一人では生活できなくなったために、老人ホームに入ってきたのです。

栗田さんは、四十五歳のときから一人暮らしをしていました。結婚して、子どもも生まれたのですが、病気で亡くなってしまいました。それからしばらくして、夫との仲も悪くなり、夫が家を出てしまったので、それ以来、一人暮らしを続けてきました。

ところが、七十五歳のときに脳内出血になり、後遺症が残って、一人では生活できなくなり、世話をしてもらえる身内もいないことから、老人ホームへ入所することになったのです。

老人ホームに入ってきた栗田さんは、毎日毎日、動かなくなった右手を眺めながら、「こんな体になってしまって」と、溜め息をついてばかりです。また、動かなくなった右足を眺めながら、「昔は自由に動けたのに……」と嘆いてばかりの日々が続きました。

そのように愚痴の世界に沈みきった栗田さんですから、生きる意欲など、まったくありません。ただひたすら「こんなことなら早く死んでしまいたい」と、死ぬことだけを願うような毎日だったのです。

栗田さんを愚痴の世界から救い出すきっかけになったのは、老人ホームの園長先生のお話でした。

栗田さんが老人ホームに入ってきてから二年半が過ぎたころ、園長先生のお話が、ようやく栗田さんの心に届いたのです。それまでも園長先生は、手をかえ品をかえ、栗田さんに話をしてこられました。しかし、愚痴の世界に深く沈みこみ、嘆きの心しかなかった栗田さんには、その話が届かなかったのです。それでも、二年半がたち、少しずつ落ち着きを取り戻してきた栗田さんです。そんな栗田さんに転機が訪れたのです。

人間には二つのタイプがある

園長先生は、こんなお話をされました。

「この老人ホームには、多くの人が入所してこられるけれど、大きく分けて二つのタイプの人がいます。一つのタイプは、動かなくなった手足を眺めて、『こんな体になってしまって……、早く死にたい』と、毎日嘆いてばかりいる人です」

ここまで話を聞いた栗田さんは、自分のことを言われているようで、ドキッとしました。それで話を聞く気が出てきたのです。そして同時に、「動かなくなった手足を見て嘆くのは当然のことじゃないか。人間はみんなそうだろう」と思いました。今まで自分が二年半ものあいだ、そうしてきたのも、人間ならだれしもすることで、当然すぎるくらい当然のことだと思っていたからです。

ところが、園長先生は「人間には二つのタイプがあって、一つのタイプは……」と言われたのです。ということは、そのように嘆かない人がいるということだろうか。栗田さんは気になって、続きを聞いてみたくなりました。すると園長先生は続けて、

「もう一つのタイプは、動くほうの手足を眺めて、まだこちらの手足が動く。なんとかなる、と前に進む人です」

と言われたのです。

その話を聞いて、栗田さんはびっくりしました。「片方の手足が動かなくなっても、まだ大丈夫と前に進む人なんて、いるわけがない」と、最初は思いました。しかし、よくよく考えてみたら、老人ホームのなかには、片方の手足が動かないのに明るく暮らしている

人が確かにいることに気がつきました。すべての人が、栗田さんのような嘆きのなかで「早く死にたい」と願っているわけではなかったのです。

そのことに気づいた栗田さんは、そのとき初めて、自分が深い愚痴の世界に沈んでいたことを自覚したのです。脳内出血の後遺症で右の手足が動かなくなってから二年半のあいだ、栗田さんは毎日毎日「早く死にたい、早く死にたい」とばかり考えていました。しかし、そのように「早く死にたい」と思っているのは、栗田さんの分別だけなのです。栗田さんの左手も左足も、心臓も胃も、「早く死にたい」と思ったことは一度もなかったのです。栗田さんの分別、思いとは別に、一時も休むことなく命をつなげてきていたのです。生き続けようとしていたのです。

生き続けるために、左手は食事のときに食べものを口に運んでいました。胃は、入ってきた食べものを消化して、生きるエネルギーに変えていたのです。心臓は、生き続けるために、一瞬たりとも鼓動を止めることはありませんでした。そのような命の営みに、そっぽを向くようにして、栗田さんの分別、思いだけが「早く死にたい」と願い続け、愚痴の世界に沈んでしまっていたのです。

そのことに気がついた栗田さんは、あらためて動くほうの左手をじっと眺めていました。

そして気づいたことがあるのです。半身麻痺になってから二年半のあいだ、確かに左手で毎日食事をしていたのです。それは、生き続けるための営みでした。左手は、慣れない仕事を急に押しつけられてしまって、戸惑いながらも精一杯、食事を口に運んでくれていたのです。そのとき栗田さんは、その不器用な左手に向かって、

「なんて不器用なんだ。右手が動くうちは本当によかったなあ。こんなことなら早く死んだほうがましだ」

と、不平不満をぶつけていたのです。しかし、どんなに不平不満をぶつけられても、左手は命をつなぐためにせっせと食事を口に運び続けていたのです。そのことに気づいた栗田さんは、自分の分別だけが「早く死にたい」と思っていたことを本当に自覚しました。そして左手に向かって、思わず「今まで不平不満ばかり言って、すまなかったね」と、わびていたのです。

私たち人間の命は、どのような姿になっても、どのような状況になっても、つねに生き続けようとするものです。つねに前へ前へと進んで、与えられた命のかぎりを生き抜こうとするものなのです。

ところが、私たち人間の分別や思いは、少し状況が悪くなると、「こんなことなら生き

ていても意味がない。早く死んでしまいたい」と、すぐに自分の命を投げ出してしまいます。だから分別や思いを支えてやることが、もっとも大切なことになるのです。今の私の命には生きる意味があると、しっかりと自覚できれば、愚痴の世界に沈むことなく、前へ前へと進むことができるのです。

老人ホームの園長先生は、人間には二つのタイプがあるという話をして、栗田さんに向かって、「自分の勝手な分別で愚痴の世界に沈んでいるのではないですか」と、呼びかけてくれたのです。それによって栗田さんは、自分の分別の思いこみから抜け出すことができたのです。

楽天的なタイプと心配性のタイプ

私は、カウンセリングをするために心理テストを作っています。そのテストの結果を見てみると、老人ホームの園長先生が言われるように、確かに人間には二つのタイプがあるのです。一つは、肯定的な世界観を持ち、なんでも楽天的に考えることができる人です。もう一つは、否定的な世界観を持って、何に対しても心配性で後ろ向きに考えてしまう人です。そして、この二つのタイプは、およそ半分半分なのです。

老人ホームの園長先生が言われるように、肯定的で楽天的なタイプの人は、動くほうの手足を眺めて、「まだ大丈夫だ」と前へ進む人なのです。ですから、分別や思いがつぶれることはありません。ところが、否定的で心配性のタイプの人は、少しでも状況が悪くなると、すぐに愚痴の世界に沈んでしまいます。そして「早く死にたい」と、自分の命までも投げ出してしまうことがあるのです。だからこそ、愚痴に沈んでいることが自分の分別であって、命もともに「死にたい」と思っているわけではないと気がつくことが大切なのです。

また、肯定的で楽天的な人は、気持ちの落ちこむことが少なく、いつも前向きですから、あまり苦労を感じません。そのように自分が楽に生きられるというだけでなく、周りの人も、ともに前向きにして救っていくということがあります。それに対して、否定的で心配性の人は、苦労を過剰に背負いこみ、愚痴の世界に沈むことが多いのですが、自分だけが苦しむのではなく、周りの人たちも、一緒に暗い世界に引きずりこんでしまうということがあるのです。

前向きな人は周りの人も救う

三年間寝たきりで、長男の嫁に介護をしてもらっている八十二歳のおじいさんは、肯定的で楽天的な性格のおかげで、周りが明るいのです。

朝になって太陽が昇ると、おじいさんはカーテンを開け、晴れわたった空と明るく輝く太陽を眺めて、

「今日はいい天気やなあー、気持ちのいい日だ」

と、心から喜ぶような人です。三年間寝たきりという暗さは微塵もありません。お嫁さんが、朝、顔を見せると、おじいさんはすぐに「このごろ別嬪になったなあ」と、お嫁さんを誉めます。あまりに明るく言われるので、お嫁さんもついつい「そうかしら」と答えています。

そんな明るいおじいさんのところへは、お見舞いの人も多く訪れます。お見舞いの人が来ると、おじいさんは、

「よく来てくれたなあ。ありがとう、ありがとう。一人で寝てると寂しいから、来てくれるのが本当にうれしい。ありがとう、ありがとう」

と、心の底からうれしそうに、お礼を言うのです。「そんなに喜んでもらえるのなら、ま

た来よう」という気になって、みんなが入れかわり立ちかわりやって来ます。見舞い客が多いと、介護をしているお嫁さんも、助かります。来てくれた人におじいさんをみていてもらえれば、そのあいだに自分の用事をすることができるからです。

ある人が、お饅頭を持って、お見舞いに来てくれました。おじいさんは、それを見て、「お饅頭か、ありがとうな。私のような昔人間は、やっぱりこういうもんがええな。ありがとう、ありがとう。顔見せてくれただけでもうれしいのに、お見舞いまでもらって、こんなうれしいことはないなあ、ありがとう、ありがとう」

と、心の底からうれしそうにお礼を言うのです。だから、だれもが「また来よう」「何か持って来てあげよう」と思うようになるのです。

ところが、寝ている人が否定的で心配性の人だと、こうはいきません。何もかも悪いほうへ悪いほうへと考えてしまいますから、何をやってもうまくいかなくなるのです。

否定的で心配性のおばあさんのところへ、お饅頭を持ってお見舞いに行った人がいます。するとおばあさんは、お饅頭をじっと眺めて、

「糖尿病の私には、お饅頭は毒みたいなもんや」

と言ったのです。お見舞いに行った人は、自分の心を踏みにじられたような気持ちがして、

「もう二度と行くものか」と思いました。しかし、お見舞いに行かなければ行かないで、また何を言われるかわかりません。そこで今度は、花を持ってお見舞いに行くことにしました。「根つく（寝つく）」といって嫌われる鉢植えは避け、花束を持って行きました。すると、否定的で心配性のおばあさんは、お見舞いの花を見て一言、

「花か、食べられないものを持って来て……」

と言ったのです。せっかくの心遣いを踏みにじられた人は、二度とおばあさんのところへお見舞いに行くことはありませんでした。

肯定的で楽天的なおじいさんなら、お花をもらったら、きっとこう言うでしょう。

「花はええなあ、きれいやから、見てるだけで気が晴れる。花があるだけで、部屋がパッと明るくなった。ありがとうな、ありがとうな」

こんなふうに喜んでもらえたら、だれでも「またお見舞いに行こう」と思うでしょう。だから、おじいさんの周りは、いつも明るく楽しい空気に包まれているのです。

このように、肯定的で前向きな心というのは、寝たきりの本人の心を楽にするだけではなく、周りの人たちの心も救っていきます。それに対して、否定的で愚痴の心に沈む人は、本人の心が苦しみを背負うばかりでなく、周りの人までも、ともに暗い世界に引きずりこ

んでいってしまうのです。

だからこそ、愚痴の世界を離れなければいけません。自分勝手な分別の思いこみを破って、前向きな心を取り戻せば、状況が変わらなくても心安らかに生きていける世界が開けてくるのです。状況が悪くなって不幸になるということも、確かにあります。しかし、自分の愚痴の心が不幸を呼んでいるということも、確かにあるのです。だからこそ、愚痴の心を離れなければ、いよいよ不幸が重なってしまうのです。愚痴の心を離れて、前向きな心を取り戻すことができれば、それ以上の不幸はこなくなるのです。

栗田さんは、老人ホームの園長さんの言葉で、自分の勝手な分別によって愚痴に沈んでいたことに気づかされました。そして、今まで不平を言っていた左手に対して、頭を下げたのです。それによって、命の声に耳をかたむけることができるようになり、与えられた命を精一杯に生きていこうと、覚悟を決めることができたのです。自分のありのままの姿を受け入れることで救われていく世界が、そこには確かにあるのです。

四、人間を生かす力は、自分を大切に思う心

人間を前向きにする自尊感情

自分を、ありのままの姿で受け入れることができれば、愚痴の世界を抜け出して、前向きに生きようとする意欲が出てきます。そして、前向きに生きる気持ちさえ持ち続けられれば、穏やかに生きる世界が広がってくるのです。

ところが、どのようにしても、自分をありのままに受け入れることができない人もいます。カウンセリングでは、人間を前向きに生かす力の元は、自分自身を大切なものと思い、「生きる価値があるもの」と感じる「自尊感情」であるとしています。

自分を大切なものと思い、自分が生きている世界を良いものと感じることができれば、たとえどんな自分であっても、その自分を生き続けることに意味があるという思いを持ち続けることができます。そしてまた、周りの人々も、必ず自分を受け入れ、自分を助けてくれると信じ続けることができるのです。そのように、自分の存在に対する自信と、周りの世界に対する深い信頼が「自尊感情」といわれるものです。

エリクソンの基本的信頼

アメリカの精神分析家のエリック・H・エリクソン（一九〇二～一九九四）は、このような感情を、「基本的信頼」と呼びました。エリクソンは、「基本的信頼」というのは、生まれてから一歳までのあいだの養育環境によって養われるものであるとしています。

生まれてきた赤ん坊は、生まれてきた世界がどんなところかまるで知りません。また、自分がどんな人間かも知りません。そのような、何もわからない真っ白な心に、「基本的信頼」は育てられていくのです。

自分の力では生きていけない赤ん坊にとって、頼りになるのは周りの人の援助だけです。そこで、周りの人々が、配慮を持って赤ん坊を育てていると、赤ん坊は、穏やかないいところに生まれてきたという信頼感を、その真っ白な心のなかに育てていくというのです。そしていつしか、自分は生きていく価値のある存在であり、周りの人は、みんな自分の味方であり、ともに生きていく価値のある人々であると感じるようになるのです。そしてさらに、この世界は、生きていくに値する良い世界であるという思いをしっかりと心に刻み付けていくというのです。

このような、基本的な信頼感が、心の底にしっかりと育てられている人は、「生きることは素晴らしいこと」と、当たり前のように感じることができ、どのような困難に出会っても、それを乗り越えて、前向きに生きていくことができます。

ところが、養育環境が整っていないと、「だれも助けに来てくれない」「自分は一人ぼっちだ」「自分は見捨てられた、生きていく値打ちのない存在だ」というような、自分自身と世界に対して否定的な感情を心のなかに育ててしまうのです。

もちろん、自尊感情の有無が、一歳までですべて決まってしまうわけではありません。その後の人生の中でも変わってくるのですが、心の中に育った「信頼感」と「不信感」が、その人の一生に大きな影響を与えることになるとエリクソンは言うのです。ですから、人生を肯定的に考える人と、否定的に考える人がいるというのは、実はこの、基本的信頼の育ち方の違いによって、そのような個性の違いが生まれてくるのです。

前向きな個性と後ろ向きな個性がある

自尊感情が、豊かに育っている人は、つねに前向きな人生を歩みます。どのような境遇になったとしても、生き続けることに何の疑いも感じません。また、困難が降りかかってきたときでも、「頑張ればきっと何とかなる」と、それを克服して前に進み続ける強さを持っています。また、歳をとって病気になったり、後遺症で体が不自由になったとしても、そのままの自分を受け入れて、前向きに生き続けていく強さがあるのです。

ところが、自尊感情が心のうちにしっかりと育っていない人は、否定的な世界観を持ってしまい、心配性の人生を送ることになります。そのために、人生で困難な状況に出会うと、「もう生きてはいけない」と投げ出してしまうことが多くなっていきます。また、病気になったり、後遺症が残ったりすると、すぐに、「こんな姿になってしまったら、生きている意味がない」と、自分の人生を投げ出してしまうことになるのです。

カウンセリングは、自尊感情を回復するためのもの

カウンセリングでは、愚痴に沈み、自分を投げ出してしまっているような人を、前向きにするために、自尊感情を回復するような指導をします。その人が、その人なりに持っている自尊感情をもう一度呼び覚ますことができれば、自然に生きる意欲が湧いてきて、ありのままの自分を受け入れる気持ちが出てくるからです。

そういう意味では、カウンセラーは、本人の生きる意欲が回復することを手伝うだけでいいのです。

栗田さんは、自分の命が生きようとしている、その前向きな姿勢に気がついて、生きる意欲を回復しました。そのように、生きる意欲が出てきたというのも、実は、自分の心のうちにあった自尊感情が回復したということなのです。

状況を変えることができなくても、自尊感情を回復することができれば、人間は前向きに生きていくことができるようになります。そしてその自尊感情は、自分の人生に意味が見つかったり、前向きに生きる姿に感動したりすることで、回復することがあるのです。

ところが、その自尊感情の回復を妨げるのが、愚痴の心であったり、強い思いこみの心なのです。そのために、思いこみを破れとか、自然な流れに身を任せて、分別を離れなさいとアドバイスをすることになるのです。そしてそれによって、生きる意欲を回復させようとしているのです。

五、願いに生かされるということがわかりません

自分で投げ出してしまう命

私たち人間が、前向きに生きる根源は、自尊感情です。自尊感情が豊かであれば、大きな困難も自分の力で克服することができます。ところが、より大きな困難が降りかかってきたり、状況がきわめて厳しくなると、どのように自尊感情が豊かであったとしても、乗り越えることができなくなることもあるのです。

また、もともと自尊感情が薄い人の場合には、愚痴の世界に沈みこみ、どんなに頑張っても自分を受け入れることができなくなって、「早く死んでしまいたい」と、自分の命を投げ出してしまいます。そしてさらに、「こんな人生を送るくらいなら、生まれてこなければよかった」と、自分の人生そのものに意味を見いだすことができないような深い絶望の淵に沈みこんでしまうのです。

八十歳で老人病院に入院してきたおばあさんがいました。慢性の関節リューマチになって、十二年間自宅で寝たきりの療養をしていました。ところが、世話をしてくれていた長

男の嫁が、長いあいだの看病疲れから体を悪くしてしまい、自宅で介護してもらうことができなくなってしまったのです。それで、おばあさんは、老人病院に入院することになりました。おばあさんは、穏やかな性格で、「よろしくお願いします」と、同室の人にも看護師さんにも丁寧に頭を下げて挨拶するような人でした。

病院での生活が、静かに流れていきました。慢性の関節リューマチですから、急に病気が悪くなるということはありません。また逆に、入院したことで病気が治るということもありません。少しずつ少しずつ病状が進行していって、関節の痛みと変形がひどくなりながら、死を待つしかないという病気です。そんな病気を抱えながら、おばあさんの入院生活が静かに続いていったのです。

そんななかで、おばあさんは次第に元気をなくしていきました。入院して四か月たったころには、だれとも口をきかなくなり、話かけても返事をしなくなってしまったのです。そして、だんだんと食事の量も減っていきました。周りの人が心配しながら見守っていましたが、六か月を過ぎたころから、ほとんど食事をとらなくなってしまったのです。

看護師さんが見かねて、「元気をだして」と励ますのですが、おばあさんは黙ったままです。同室の人も医師も、かわるがわる「頑張って」と励ますのですが、おばあさんは

「私はもういいんです」と言うばかりで、死ぬことを心に決めているようなのです。

意味の見つけられない命は生き続けられない

おばあさんは、老人病院に入院したことで、すっかり気落ちしてしまったのです。今まで寝たきりだったのですが、自宅に居て家族と一緒に暮らしていたときには、やはり生きている実感がありました。十二年間寝たきりで、動くことはできませんでしたが、そのあいだには孫が生まれ、その孫が幼稚園に入り、小学校に入学するというようなこともありました。家族と一緒に暮らすということは、たとえ寝たきりで自分で動くことができなくても、生活をし、生きているという実感があるのです。家族の出来事のなかで、ともに喜び、ともに悲しむという人生が、確かにあるのです。だから、今までおばあさんは、寝たきりになりながらも、「早く死にたい」と思ったことは一度もありませんでした。

ところが、家族と離れて老人病院に入院したら、毎日毎日ベッドの上で、天井を眺めて暮らすだけの人生になってしまったのです。頑張って療養しても治る病気ではありません。家族と一緒に暮らせることは、もう二度とないでしょう。これから先、一人ぼっちで病院の天井を眺めながら、病気の痛みに耐え、ただじっと死ぬのを待つだけの時間を過ごすしかないのです。

そんな思いがおばあさんの胸一杯に広がったとき、「生き続ける意味がない」と、自分の命を投げ出してしまったのです。そして、だれに対しても「私はもういいんです」としか言わなくなってしまったのです。家族とも離れ、治らない病気を抱えて、ただ死ぬのを待つだけの身になったら、「これ以上生きていても意味がない」と、投げやりな思いになるのも無理はありません。

生きる意欲をすっかりなくしてしまったおばあさんを励ます言葉など、どこにもありません。周りの人たちは、もう黙って見守るほかに、できることは何もなくなってしまいました。

それ以後、おばあさんは食事をとらなくなってしまい、だんだんと体力が落ちていきました。衰弱が進んで、いよいよ命にかかわるという段階にまできてしまいました。そして、このままだと、あと一週間か十日の命というところにまでなってしまったのです。

そのとき、おばあさんのところに食事を運んでいたのが、看護学校から研修に来ていた若い学生さんでした。おばあさんがまったく食事をとらないので、心配になり、看護師さんに尋ねると、「すっかり気落ちして食事をとらなくなり、あと一週間か十日の命」ということでした。学生さんは、おばあさんのことが本当に心配になりました。

「元気をだして、食べてくれるようになればいいのに」

と素直に思ったのです。そして、それからは「食べてほしい」という気持ちをこめて、おばあさんのところに食事を運ぶようになりました。

しかし、どんなに思いをこめて食事を運んでも、おばあさんは食べてはくれません。かといって、八十歳をこえたおばあさんの、絶望に沈んでいる心を励ます言葉など、持ち合わせてはいません。ただ思いをこめて食事を運ぶことしかできないまま、日々が過ぎていきました。

命にかけられた願い

そして、とうとう病院での研修が明日で終わるという日の夕食がきました。学生さんは、おばあさんのことが心配でたまりません。励ます言葉は持っていませんが、思いだけは溢れてきます。そこで、おばあさんのところに食事を運んだとき、思わず、

「ねえ、おばあさん、食べてよ。お願いだから食べてよ」

と頼んでいたのです。言葉に出したことで、溢れる思いがいよいよ募ってきました。そこ

で、続けて、

「おばあさん、食べてよ。食べなきゃ死んじゃうよ」

ここまで言ったとき、学生さんの目に大粒の涙が溢れてきました。ポロポロと涙をこぼしながら、学生さんは、

「おばあさんが死んだら、私、悲しい」

と、おばあさんに頼んだのです。生きてほしいと願いをかけたのです。

おばあさんは、突然のことにびっくりしました。いきなり涙を流して訴えられたのですから、どうしたらいいのかわからず、戸惑うばかりでした。学生さんは、自分の思いをぶつけて、食事を置いて帰っていきました。「食べてくれたらいいのに」と心のなかで祈りながら、その場を去りました。しかし、やっぱりおばあさんは食べてはくれませんでした。学生さんの願いは、おばあさんの心には届かなかったのです。

一方、おばあさんは突然のことに驚き、食事をとることも忘れるほどでした。それで、そのまま手をつけずに食事を返したのですが、夜になってから、おばあさんは一人で先ほどのことを何度も何度も思い返していました。「おばあさんが死んだら悲しい」と言ってくれた学生さんの言葉が、おばあさんの心に少しずつしみとおっていきました。学生さんが

流してくれた大粒の涙が、少しずつ少しずつおばあさんの心にしみとおっていったのです。

家族に見捨てられ、生きている意味がないと、自分の命を投げ出してしまって、絶望のなかで、暗くつらい毎日を送っていたのです。だれにも開けることのできない扉の向こうに、やりきれない思いを閉じこめて、愚痴の世界で苦しみ続けていたおばあさんだったのです。

ところが、その「生きる価値がない」と自分で投げ出していた「私の命」に向かって、「おばあさんが死んだら、私、悲しい」と訴えてくれて、「生き続けてほしい」と願いをかけてくれる人が目の前に現れたのです。そして、その願いの深さを、大粒の涙を流すことで示してくれたのです。

一晩中考えとおしたおばあさんの心が、学生さんの「生き続けてほしい」という願いによって、ほぐされていきました。そして、流された大粒の涙によって潤されていったのです。

朝になりました。学生さんは、夕食を食べてもらえなかったことに気落ちしながら、おばあさんのところに朝食を届けに行きました。そして「おばあさん、おはよう」と声をかけると、おばあさんが振り向き、目と目が合ったのです。そのときのおばあさんは、昨日までのおばあさんとは違っていました。おばあさんは、穏やかな顔つきになっていました。そして、学生さんに向かってニコッと笑って、「私、食べるよ」と言ったのです。

学生さんの願いが、おばあさんの心に届いたのです。「生きてほしい」という願いが届いて、おばあさんの心に「生きよう」という意欲が湧いてきたのです。

願いに生かされる救いの世界

おばあさんが、生きる意欲を取り戻したのは、学生さんの願いが心に届いたことで、おばあさんの命が、死んだほうがましな、意味のない命から、生きることが願われている、生き続けることに意味のある命に変わったからなのです。

私たちは、状況がどれほど厳しくても、生きることの意味を見つけられれば、生き続けることができます。生きる意欲があって、心が前向きであれば、必ず生きることが喜びとなる世界が開けてくるのです。だからこそ、私たちの命にとって、もっとも根源的な救いとは、自分の命が「生きてほしい」と願われた命であることを、心に実感できる世界を持つことなのです。

おばあさんは、学生さんの願いを心に受け止めたことで、願われた命の世界を心のなかに開くことができました。それによって、生きることの意味と生きる意欲を取り戻すことができたのです。これが、人間の心が救われる、一つの姿なのです。

おばあさんは、病気が良くなって生きる意欲が出たということではありません。状況が変わったことで、生きる意欲が出たということでもありません。おばあさんは相変わらず、治らない病気を抱えて、死ぬのを待つだけの姿です。絶望の淵に沈んで、「死んでしまいたい」と、自分で自分を投げ出していた状況は、きのうまでと少しも変わってはいないのです。変わったことはただ一つ、おばあさんの命に「生きてほしい」という願いがかけられたということであり、その願いをおばあさんの心が受け止めたということだけなのです。

私たちは、生きることが尊いことだと、頭ではわかっていますが、状況が厳しくなると、やはり自分で自分の命を投げ出すようになってしまいます。力のありったけを搾り出したとしても、「死んだほうがましだ」としか思えなくなってしまうのです。

このように、状況が厳しいものになってくると、自分の心のなかにあった自尊感情も、生きる支えとはならなくなってしまいます。その結果、生きる意味をなくし、生きる意欲をなくしてしまう私たちにとって、最後の力となるのが、私の外から、私の命に向かってかけられる「生き続けてほしい」という願いなのです。

自分の力では生き続けることができなくなった心であっても、自分の命に「生き続けてほしい」という願いがかけられれば、そしてそれを自分の心がしっかりと受け止めることができれば、「死んだほうがましだ」と投げ出してしまっていた私の命が、「生き続けてほしい」と願われた命に変わり、その願いに応えて生きることに意味のある命に変わるのです。これが、私たち人間の心が、願いによって救われる姿です。

そして、このような救いの世界を、私たちの心に開いてくださるのが、阿弥陀如来のご本願なのです。ご本願が、私たちに向かって、「生き続けることが尊い」と呼びかけくださっているのです。そのご本願の呼びかけを心にしっかりと受け止め、願いに応えて生きていこうと歩みを前に進める世界こそが、凡夫が凡夫のままで救われていく、他力信心の救いの世界なのです。

六、願いに包まれて、居場所が見つかる

やっかい者になってしまった

中川チヨさんは、六十八歳です。十年前に夫を亡くしてから、一人娘のマドカさんと二人の暮らしが続いています。娘のマドカさんは、大学を卒業してから会社勤めをしていて、もうすぐ三十三歳の誕生日を迎えようとしています。

チヨさんは、一年前、六十七歳のときに脳内出血になり、その後遺症から左半身が不自由になってしまいました。右の手足は動くので、一人で食事もできますし、トイレにも行けますが、娘のマドカさんは会社勤めをしながらの介護ですから、もうクタクタです。しかも、チヨさんには少し認知症の症状があるため、本来なら目を離せないのですが、マドカさんは生活のために会社勤めを辞めるわけにもいかず、日中はチヨさんが一人で家に居ることになってしまいます。マドカさんは気が気ではありませんが、今まではなんとか凌いできたのです。

チヨさんも、このごろでは毎日、「早く死んでしまいたい」とばかり思うようになって

います。もともと心臓が悪く、入退院を繰り返していて、しかもときどき認知症がひどくなることがあるために、娘のマドカさんに迷惑をかけどおしの十年だったのです。そのうえに脳内出血の後遺症で左半身が不自由になってからは、何もかもマドカさんに世話をしてもらわなければ生きていけなくなってしまいました。それまででも十分お荷物だったのに、今ではすっかりやっかい者になっているのです。

チヨさんにとって何よりもつらいことは、自分が生き続けているとマドカさんが結婚できないということでした。マドカさんが大学を卒業してから、お見合いの話が五つほどあり、そのうちの一人の人とは、婚約寸前のところまで話が進んでいました。ところが、面倒を見なければならないチヨさんが居たことから、男性の母親が強く反対して、破談になってしまったのです。その後、チヨさんが左半身麻痺になって、ますます介護が大変な状況になると、お見合いの話など、だれもしてくれなくなってしまったのです。

チヨさんは六十八歳ですから、まだそれほど高齢というわけではありません。平均寿命を考えると、このままの状態で、あと二十年近く生き続けることになります。そうなれば、娘のマドカさんは五十歳を過ぎても結婚できないということになってしまいます。そんなことを考えると、チヨさんの心は押しつぶされそうになってしまいます。

自分が元気なら、嫁入り道具を揃えて送り出してやれるのに、それが本来の親の務めなのに、自分は何もしてやれない。そればかりか、自分がお荷物になっているために、自分が生きているあいだは娘のマドカが結婚できない。そのようなことを考えるたびに、「早く死んでしまいたい」と思う毎日が続いていたのです。

娘のマドカさんも、大きな心配を抱えていました。フルタイムで会社勤めをしながら、病気の母親を介護することに、限界を感じ始めていたのです。市役所に相談に行き、昼間だけでもヘルパーさんに来てもらえないだろうかと頼んでみましたが、人手が足りないと言われました。ショートステイやデイケアなど、いろいろなところへ問い合わせましたが、認知症のことを伝えると、断られてしまいました。しかたなく自分一人での介護を続けてきたのですが、このままの状態では、それももう長くは続けられないというところまで追い詰められていました。

どうかこのまま死なせてください

そんななかで事件は起きました。マドカさんの会社に病院から連絡が入りました。チヨさんが、睡眠薬を大量に飲んで病院に運ばれ、意識不明という知らせでした。

マドカさんは、思わず腹を立てていました。「また面倒なことをして、これ以上私の負担を増やしたいのか」と思ったからです。だからといって、放っておくこともできません。上司に事情を話して会社を早退し、病院に駆けつけました。病院に着いて、容態を尋ねると、処置が早かったので命に別状はないけれども、まだ意識が戻らないということでした。

枕元に腰掛けて、すやすやと眠っている母親の顔を見たときには、「助かってよかった」と思いました。しかし同時に、「どうしてこんな面倒をかけるんだ」という思いも湧いてきました。日々の介護だけでも限界にきている状態です。マドカさんには、これ以上母親の世話をする余裕などありません。だから、もう面倒なことをしてほしくなかったのです。

マドカさんは、そんな沈んだ思いを持ちながら、売店で必要なものを買い揃えようと、病室を出て行きました。

マドカさんが病室を出て行ってしばらくすると、チヨさんは意識を取り戻しました。チヨさんが目覚めたことに気づいたのは、看護師さんでした。看護師さんは、

「助かってよかったね。早く元気になってね」

と声をかけました。するとチヨさんは、看護師さんの腕をつかむようにして言いました。

「お願いですから、このまま死なせてください。どうか、お願いですから、このまま死な

せてください」

と、何度も何度も看護師さんに頼みました。

「これはただごとではない」と感じた看護師さんは、チヨさんの枕元の椅子に座って、ゆっくりと話を聞いてあげました。話を聞いているうちに、チヨさんが自殺をはかった理由がわかってきました。

「私が生き続けていれば、娘のマドカは結婚できず、不幸になっていくばかりです。今の私は、親として娘に何もしてあげることができません。本当に申しわけないことです。ただ一つできることは、自分の命を縮めて、娘のマドカを楽にしてやることだけです。だから、マドカの三十三歳の誕生日のプレゼントにと思って、自殺をはかったのです。ですから、どうかこのまま死なせてください。お願いします。このまま死なせてください」

チヨさんは、涙を流しながら訴えたのです。

一日でも長く生きていてほしい

看護師さんから母親の思いを聞かされたマドカさんは、驚きました。病気を苦にして自殺をはかったものとばかり思っていたからです。それで、「面倒なことが増えてしまった」

と、少し腹を立てていたマドカさんでした。ところが、母親の自殺は、娘を楽にしてやりたいという親心からのものだったのです。

マドカさんは、急いで病室へ戻りました。そして枕元に座って、母親の手を握りながら、静かに「話は看護師さんから聞いたよ」と声をかけました。するとチヨさんは、

「すまんねえ、すまんねえ、こんな母親ですまんねえ」

と、涙を流して謝り始めたのです。マドカさんは、思わず握る手に力を入れていました。そして、

「確かに、世話をするのは大変だよ」

と話始めました。するとまたチヨさんが、

「すまんねえ、すまんねえ、こんな病気になってすまんねえ」

と謝るのです。それにかまわずマドカさんは、

「確かに世話をするのは大変だけど、お母さんは私の親なんだからね、一日でも長く生きていてほしいよ」

と、母親のチヨさんに「生き続けてほしい」と願いをかけたのです。チヨさんは、

「こんな私でも長く生きてほしいと言ってくれるのかい。すまんねえ、すまんねえ」

と、いっそう大きな声で謝り続けるのでした。

涙を流して謝りながら、チヨさんは娘のマドカさんの言葉の意味をかみしめていました。マドカさんは「親だからしかたがない」と許してくれたわけではないのです。「一日でも長く生きてほしい」と、今の姿のまま長生きしてほしいと、願いをかけてくれたのです。迷惑をかけてばかりの自分を、そのままで受け入れてくれたのです。生き続ければ娘を不幸にするだけの自分に、「一日でも長く生きてほしい」と、願いをかけてくれたのです。

マドカさんの願いの深さを心に感じたチヨさんは、「すまんねえー、すまんねえー」と、いっそう深く謝り続けていました。

チヨさんは、生き続けるつもりはありませんでした。自分が生き続ければ娘を不幸にするということは目に見えています。親として、そんなことは絶対にできないと、心に決めていました。どんなに許してもらっても、この世に居てはいけない自分だと、はっきりわかっていたのです。ですから、どんなことがあっても死んでしまわなければと、心に決めていたのです。

ところが、娘のマドカさんは、「一日でも長く生きてほしい」と、願いをかけてくれたのです。その願いを無視して死んでしまったら、よけいにマドカさんを悲しませることになってしまいます。そのことに気がついたチヨさんは、「すまんねー」と謝りながらも、マドカさんの願いに応えて生きていこうと決意したのです。

これが願いに救われた心の姿です。私たちは、「生きてほしい」と願いをかけてもらえれば、どんなに厳しい状況でも生きていくことができるのです。ありのままの自分を荷って生きていく力が湧いてくるのです。そして、これが、凡夫が凡夫のままで救われる世界なのです。

私の命に寄り添ってもらえるありがたさ

カウンセリングをしていると、生きる意欲が回復できず、長いあいだ苦しみ続ける人に出会うことがあります。そんな人に出会うと、カウンセラーは深い無力感を味わうことになります。ほとんど、何もできないからです。しかし、それでも投げ出さずに、カウンセリングを続けていて、長い長い時間がたってからようやくにして元気になった人に話を聞くと、みんな一様に、「見捨てないで寄り添ってもらえたことが、ありがたかった」「見捨てられていないと実感できたことが、最後の力になった」と言ってくれるのです。

このように、カウンセリングの世界でも、「見捨てないで寄り添い続ける」ということが、人間の心を一番底で救っていることがわかります。これが、人間の心が救われる一つの姿です。

自分の力ではなんともすることができない。しかも、どんなに自分を励ましても、生きようとする意欲が湧いてこないという状況は確かにあります。そのような厳しい状況のなかで、絶望の淵に沈み、自分の命を投げ出してしまう世界も確かにあるのです。

しかし、そんな世界であっても、見捨てることなく寄り添ってくれる人がいれば、そして、その人が、「健やかに生きてほしい」と願いをかけてくれるのであれば、その願いを心に受け止めることによって、その願いに応えて生きていこうという意欲が湧き上がってきます。そして、それによって、安らかに生きる世界を開くことができるようになるのです。

これが、人間の心が救われる事実なのです。そして、このような救いの世界のあることを教えてくださるのが、阿弥陀如来のご本願の教えです。阿弥陀如来のご本願が、私たち凡夫を、決して見捨てることなく摂取し続け、必ず救うと呼びかけ続けておられると説かれる教えなのです。

マザー・テレサの「死を待つ人の家」

インドで、多くの貧しい人を救う仕事をされた、マザー・テレサ（一九一〇〜一九九七）という人がいます。ヨーロッパのユーゴスラビア出身で、十八歳のときに修道女となり、マザー・テレサとなりました。そして、インドに渡って活動をしました。

マザー・テレサは、四十歳ごろに、カルカッタ東部にあるカーリー寺院の一部を借りて、行き倒れの人たちの最期を看取る施設としての「死を待つ人の家」を作りました。そこに連れてこられた人は、まず丹念に洗い清められます。そして清潔な衣服に着替えて、髪も短く切り、整えられます。そのうえで、マザー・テレサがしっかりと手を握って、「あなたは、この世に望まれて生まれてきた大切な人ですよ」と、最後の呼びかけをするのです。このマザー・テレサの呼びかけによって、多くの人の心が救われていったのです。

マザー・テレサが、「死を待つ人の家」を作って活動を始めたきっかけは、路傍に行き倒れて、だれにも気にもされないまま死んでいく人を目にしたからです。マザー・テレサは、「人間にとって一番悲しむべきことは、病気でも貧乏でもなく、自分はこの世で役に立たない不要な人間だと思いこむことです」

と言っています。だからこそ、だれにも見向きもされずに、人生に絶望したまま死のうとしている人を、そのまま見過ごすことができなかったのです。せめて最期だけでも、

「あなたの人生には意味があった」

と伝えたかったのです。そして、

「あなたは見捨てられてなどいない。いつも大切な人として見守られているのですよ」

と、その人の人生に寄り添うことで、心に安らぎを与えたかったのです。

　このように、マザー・テレサが人生の最期に寄り添い、「大切な人ですよ」と語りかけたことで、多くの人が、それまでのつらい人生を恨むことなく、心に安らぎを感じながら、自分の人生を意義あるものとして終わっていくことができました。

　これが、人間の心が救われる、一つの姿なのです。状況が良くなるとか、思いがかなうということがなくても、自分の人生を「大切なものだ」と言ってくれる人さえいれば、心は救われます。「どんなことがあっても見捨てないで、いつも傍にいるよ」と言ってくれる人がいれば、心が安らかになるのです。

　マザー・テレサは、もちろんキリスト教の人です。ですから、人々に神の愛を伝えることで、心を救ったのです。しかし、キリスト教でなければ人々の心を救えないということ

では ありません。私たち人間の心というのは、「どんなことがあっても見捨てない」と言ってくれる人がいれば、救われる事実があるということなのです。だからこそ、宗教を異にしても、人間の心の救いに同じような説かれ方が現れてくるのです。また、カウンセリングでも、寄り添い続け、願いをかけ続けることの大切さが説かれることになるのです。

他力信心がわかりません

一、阿弥陀如来の本願を信じるということがわかりません

いまだにご信心がいただけません

カウンセラーの私に、個人的に話を聞きたいという依頼がきました。依頼主は八十二歳のお医者さんで、内科の医院を開業している人です。末期の癌で、もう長くは生きられないということを自分でも知っておられる人でした。死を目前にして、私に話を聞かせてほしいと頼んでこられたのです。最初に私がお訪ねしたのは、三月のことでした。

お会いすると、いきなり、

「いまだにご信心がいただけません。このままでは、死ぬに死にきれません」

と、心のうちを打ち明けられました。

そのお医者さんは、若いころから熱心に聞法をされ、名のある人の講演やご法話があると聞くと、遠くまでも出かけて行かれたほどの人でした。その聞法の歩みは、何冊もの

聞き取りのノートに残されていて、私もそれを見せてもらいました。また、書棚には多くの本があり、それらはどれも、何度も何度も読まれたということがはっきりとわかりました。そのうちの何冊かを見せてもらいましたが、たくさんの書き込みがあり、熱い思いが十分に感じられました。それらを私に見せながら、お医者さんは、

「ずいぶんと長く聞法を重ねてきましたが、何一つとしてはっきりとはしませんでした。今、死を前にして、このままでは死ねないという気持ちなのです」

と言われました。

私はまず、「どんなことがはっきりしない感じなのですか」と尋ねました。すると、お医者さんは、

「不安のない喜びの日暮らしがしたいと、つねづね願ってきました。そのために、阿弥陀如来の本願を信じ、救われた自分になりたいと思ってきたのですが、阿弥陀如来の本願を信じるということが、いまだにわからないままなのです」

と言われるのです。そして続けて、

「ときどきは、『生かされている命だなあ』と、しみじみと思うことはあります。また、『見守られているんだなあ』と、ぼんやりと感じることはありますが、そんな思いは長く

は続きません。いつもは何もかも忘れたような生活しかできません」と、日ごろの思いを正直に話されました。

阿弥陀如来に見守られているとか、生かされている自分だと感じられるあいだは、阿弥陀如来にすべてをおまかせして、大安心の生活が送れるような気がするのですが、阿弥陀如来を忘れて、自分の分別で生きる日常に戻ってしまうと、また、心配や戸惑いの多い生活になってしまいます。そのために、なんとかして阿弥陀如来に摂取不捨されているという確かな実感を持ちたいと願い続け、聞法を重ねてこられたのですが、それが思うとおりにはならなかったのです。

大きな誤解の上の聞法の歩み

このお医者さんのように、果てのない迷いを繰り返す人は、ほかにも多くおられます。それはなぜかというと、ここに多くの人が陥る落とし穴があるからです。

落とし穴にはまってしまうのは、阿弥陀如来に摂取不捨されている私であると教えられると、阿弥陀如来に見守られているとか、生かされているという実感が生まれるのが正しい理解だと、大きな誤解をしてしまうからなのです。

阿弥陀如来は方便法身です。だから、実体はどこにもありません。また、ご本願のはたらきというものも、具体的な事実として存在するわけではありません。ですから、阿弥陀如来に守られている自分であることを実感しようとしても、それは絶対に不可能なことなのです。その不可能なことを、お医者さんは、長年追い求めてきたわけですから、八十二歳になった今でも実現しないということは、むしろ当然のことなのです。

また、もう一つの誤解もあります。それは、阿弥陀如来のご本願は、ありのままの私を摂取不捨されるのです。それによって、凡夫のままで、今のままの私が救われていくのです。ですから、今の私が、何かになって救われるというのは大きな誤解なのです。つまり、本願を心の底から信じられるような私になれば救われるとか、すべてを阿弥陀如来におまかせできるような気持ちになれば救われるというのは、大きな誤解なのです。

他力念仏の救いは、ありのままの自分が、そのままで救われる教えなのですから、阿弥陀如来のご本願を信じることもできない、不安がいっぱいの私が、本来のありのままの自分であるならば、そのままの自分のままで救われるのが、他力念仏の救いの姿なのです。

このように、お医者さんの聞法の歩みは、大きな誤解の上になされたものでした。ですから、阿弥陀如来のご本願を信じようと、どれほど努力しても、それが実現しなかったというのは、当然のことだったのです。

これは、多くの人が抱えている誤解でもあります。その誤解の上で、他力信心を得ようとしても、このお医者さんと同じように、いつまでも他力信心を得られないということになってしまうのです。

たいていの人はここで、阿弥陀如来のご本願を信じることは絵空事だと、投げ出してしまいます。そして、現代では、浄土真宗の教えはもう時代遅れの教えであり、他力信心を求めることにも意味はないと考えるようになってしまうのです。

しかし、見捨てられない願いに包まれることで、人間の心が救われるという事実はあるのです。そのような事実があるからこそ、阿弥陀如来のご本願も、他力信心の救いも、脈々と今に至るまで相続されてきているのです。

ですからまず、それらの誤解に気づいて、迷いの世界から抜け出すことが、このお医者さんにとっては、何よりも必要なことだったのです。

凡夫の自覚がたりないのだとばかり思っていました

私の説明を聞かれたお医者さんは、

「へえー、そうだったんですか。これは全部誤解だったんですか。私は、機の深信が徹底しないから、本願を心の底から信じられないのだとばかり思っていました。だから、機の深信を徹底して、罪業深重の凡夫の自分であると必死に思いこもうとしてきました」

「それで、凡夫の自覚は深まりましたか」

「いいえ、駄目でした。ときには、『お恥ずかしい凡夫だなあ』としみじみ思うことはありますが、やっぱり長続きはしません。こんな自覚の浅いことでは、ご信心はいただけないと、頑張って凡夫だ凡夫だと思いこもうとするのですが、やっぱり長続きはしませんでした」

「それは、あなたが健全な心の持ち主であったということの証明です。自尊感情のあることや、全体を肯定的に受け止める心というのが、人間の心の健全さなのです。そんな健全な心を持ちながら、無理やり、自分は駄目な人間だと思いこもうとしても、できるわけがありません。また、それをすることに、何の意味もありません」

「でも、凡夫の自覚が深まれば、『こんなお恥ずかしい私までも救ってくださる阿弥陀如来のご本願だったんだ』と、救われる喜びが実感できるのではないのですか。それが、凡夫が転じて仏になるということではないのですか」

「凡夫が何かに転じて救われるということは、誤解です。凡夫のままで救われるということを離れて、何かになって救われるということは、現実にはないということです」

「そんなことを言ったら、私は凡夫のままで何一つ変われないということですか。私は、心配と不安に満ちた、喜びの少ない自分が嫌いなんです。そんな自分を離れて、もっと生き生きとした自分になりたいんです。だからこそ、一生懸命浄土真宗の教えを聞いてきたんです。それなのに、どこまでいっても凡夫のままでしかないのなら、教えを聞く意味がないじゃないですか」

「それがもっとも根本的な誤解です。凡夫のままで安らぎの世界が開かれるのが、他力信心の救いの姿です。ですから、ご信心をいただくためには、今までの誤解をすべて吹き払って、迷いの世界から抜け出す必要があるのです」

最初の訪問は、このように大きな誤解を解いて、長年の迷いから抜け出してもらうためのお話をすることで終わりました。

他力信心の教えは、凡夫が凡夫のままで救われる教えなのです。ところが、阿弥陀如来のご本願を信じることで、凡夫を超えられるかのように誤解する人がいるのです。また、凡夫の自覚を徹底すれば、凡夫を超えて不安のない自分になれると誤解する人がいるので

す。しかし、実際には、親鸞聖人が「愚禿悲歎述懐」のご和讃で、

浄土真宗に帰すれども　真実の心はありがたし
虚仮不実のわが身にて　清浄の心もさらになし

と言いきられたように、たとえ他力信心を得たとしても、凡夫を超えることはできません。ですから、凡夫を超えることがないまま、凡夫のままで救われるという道筋をはずれて何かを求めたとしても、それが実現することは、決してないのです。

二、私でも、他力信心をいただけますか

こんな私でも、ご信心はいただけますか

第二回目の訪問は、四月になりました。お医者さんは、「どうやら今まで、自分勝手な分別で、深い迷いの世界にいたことがわかりました。それで、もう一度あらためて正直な気持ちをお話します。それは、やはり、ご信心をいただかないまま死んでいくというのは、やりきれないという気持ちなんです」と告白されました。そして続けて、

「もう私には残り少ない時間しかありませんが、こんな私でもご信心をいただくことはできるのでしょうか」

と尋ねられました。私はすぐに、「ご信心はいただけます」と答えました。私が、あまりにもあっさりと「いただけます」と答えたものですから、お医者さんのほうが戸惑っておられたくらいです。それを見た私が、

「これから、ご信心をいただくためのお話をしますが、その前に、一つだけ確かめておか

なければならないことがあるのです」

「どんなことですか」

「あなたは、阿弥陀如来と極楽浄土が実際に存在するということに親しみを感じますか。それとも、阿弥陀如来や極楽浄土は、ある理念の象徴であって、実際には存在しないというほうに親しみを感じますか。どちらでしょう?」

「そういうふうに尋ねられるなら、やっぱり実際にあるとは感じないほうですね」

「そうですか、わかりました。では、それを前提にしてお話をします」

「ちょっと待ってください。阿弥陀如来の存在を信じなくても、本当にご信心をいただけるのですか」

「大丈夫です、そのほうがむしろ、理論的に説明しやすいですし、すっきりした話になります」

「ではもし、私が、阿弥陀如来や浄土は存在すると感じていると答えたら、どうなるのですか」

「実在に親しみを感じるという人には、従来からある説明のしかたで、阿弥陀如来のご苦労であるとか、見捨てられないお慈悲のありがたさを強調して、感情に訴えてお話していきます」

「なるほど、そういうことですか。では、実在が信じられない私には、どのように……」

「実在を信じない人に、阿弥陀如来のご苦労をどんなに力説しても、少しも心を動かすことはできません。

あなたが、阿弥陀如来の大慈悲を実感しようとしてもできなかったのは、むしろ当然のことで、自分では信じていないものを、無理に信じようとしても、できるわけがありません。しかし、世の中には、それを実感できる人もいますから、それを嘘だと決めつけるわけにはいきません。だから、ぎりぎりのところでは、自分にとってはどちらなのかということが問われることになるのです。

それで、実在を信じない人には、阿弥陀如来や極楽浄土が説かれてきた根本の理念に返って、ご信心をいただく道筋を説明したほうがいいのです。

親鸞聖人が、『教行信証』の『信巻』で、『聞と言うは、仏願の生起・本末を聞きて疑心あることなし』といわれた、『仏願の生起・本末』を正しく理解することで、ご信心をいただく道を歩むということです」

「なるほど、そういうことですか」

慈悲の平等性の根拠は、縁起の平等性

私はまず、阿弥陀如来の絶対平等の大慈悲が、何を根拠にして説かれてきたのかをお話することにしました。

私たちは、自分が見捨てられた存在ではないと実感できれば、ありのままの自分を受け入れて、前に進むことができます。だからこそ、阿弥陀如来が、すべての衆生を善悪を超えて摂取されることで救おうとされたと説かれたのです。ですから、阿弥陀如来のご本願を「私のための本願でした」と実感できれば、救いは開かれます。

しかし現代では、阿弥陀如来のご本願を事実としてとらえることは、まずできないことでしょう。だからこそ、阿弥陀如来のご本願に摂取された私であるということを実感することも、きわめて難しいことになっているのです。

しかし、見捨てられていない自分であったということを実感することによって救われるという、私たち人間の心の事実は、確かにあるのです。そして、そのような凡夫を救うために、善悪を超えた絶対平等の大慈悲心によって、すべての衆生を摂取するという阿弥陀如来のご本願が説かれたということも、事実なのです。

ですから、阿弥陀如来の存在やご本願の存在が信じられないとしても、ご本願が絶対平等と説かれる根拠がわかれば、私たちは凡夫のままで、絶対平等の世界、つまり決して見捨てられることなく、ありのままで居場所を見つけることのできる世界に、身を置くことができるのです。

親鸞聖人は、『教行信証』の「真仏土巻」で、阿弥陀如来と浄土の本質について、

謹んで真仏土を案ずれば、仏はすなわちこれ不可思議光如来なり、土はまたこれ無量光明土なり。

と説かれています。つまり、真実の如来・浄土というのは、光の世界であり、実体があるわけではないと説かれています。では、実体のある阿弥陀如来は存在しないのかというと、そうではありません。それを、親鸞聖人は『一念多念文意』で、

この如来を、方便法身とはもうすなり。方便ともうすは、かたちをあらわし、御なをしめして衆生にしらしめたまうをもうすなり。すなわち、阿弥陀仏なり。

と説かれています。つまり、実体のある阿弥陀如来というのは、私たちにわかりやすいように形をとった方便の仏だと説かれるのです。では、何を根拠に、何をわかりやすくするために形をあらわされたのかというと、『一念多念文意』では、

宝海ともうすは、よろずの衆生をきらわず、さわりなく、へだてず、みちびきたまう

を、大海のみずへだてなきにたとえたまえるなり。この一如宝海よりかたちをあらわして、法蔵菩薩となのりたまいて、無礙のちかいをおこしたまうをたねとして、阿弥陀仏と、なりたまうがゆえに、報身如来ともうすなり。

と説かれています。

つまり、阿弥陀如来というのは、法そのものの一如宝海より姿をあらわしたもので、その一如の法とは、「よろずの衆生をきらわず、さわりなく、へだてず、みちびきたまう」という絶対平等性を本質とするもので、そこから現れた阿弥陀如来は、「この一如宝海よりかたちをあらわして、法蔵菩薩となのりたまいて、無礙のちかいをおこしたまうをたねとして」とあるように、すべての衆生を、善悪を超えて平等に救うという本願をたてられたのであると説かれるのです。

つまり、阿弥陀如来のご本願の絶対平等性というのは、一如の法の絶対平等性を根拠として、それを私たちにわかりやすく具象化して説かれたものだということなのです。そうであるならば、私たちは、一如の法の絶対平等性を、そのまま実感できれば、凡夫が凡夫のままで救われるという他力信心の救いの世界を開くことができるのです。

縁起の法を具体化した、諸行無常と諸法無我

仏教が説く根本の思想は、縁起です。すべてのものは因と縁が成就して結果となって現れるというものです。そして、これは従来から三法印としても表されてきました。

三法印というのは、

諸行無常（すべての存在は、移り変わっていくもので、同じ形を持たない。それゆえに、この世に確かなものは存在しない）

諸法無我（すべての存在は、本質を持たず、不変の存在はない。それゆえに、この世に確かなものは存在しない）

涅槃寂静（すべての存在が、無常・無我であることを知ることが、縁起の道理を知ることであり、それによって静かな心を得ることができる）

というものです。縁起の法が具体的に諸行無常・諸法無我と表され、それを知ることによって、涅槃寂静の世界に至ると説かれているのです。諸行無常・諸法無我の道理を知ることが一如の法を知ることであるならば、諸行無常・諸法無我を正しく理解することを通して、法の平等性が実感できれば、私たちの心は、法の平等性によって安らぎを感じることができるということです。

そこで、もう少し詳しく、諸行無常・諸法無我ということを考えてみましょう。

諸行無常というのは、すべてのものは因縁によって、つねに変化していくもので、絶対に変わらないものは存在しないということです。

これは、だれが聞いても、「なるほどそうだ」とうなずけるものです。つまり、存在の根本的なあり方を説明していることです。ところが、私たちは、すべてが変わると聞かされても、その奥に変わらないものがあるように思ってしまうのです。

たとえば、水は、状況が変わると、その姿を変えていきます。つまり特定の形というものはありません。さらに、水は固体の氷にもなり、気体の水蒸気にも形を変えていきます。すべてのものが形を変えるというのは、このように日常的にも経験することですから、よく理解できます。ところが、形を変えてはいるけれども、水という本質は変わってはいません。だから、水という本質的なものがあるように思ってしまいます。そこで仏教では、諸法無我と説くのです。

諸法無我とは、すべてのものに「我」と呼ばれるような本質的な姿はないと説いているのです。木の精や水の精といったものはいないし、この私というものの変わらぬ主体、つまり、生まれ変わり死に変わりする霊魂というものもないと言いきっているのです。

水の話に戻ると、どのように形を変えようと、水は水のままです。だから、本質的で不変の存在があると、この段階では考えられます。

しかし、水はH_2Oと表されるように、水素分子二個と酸素分子一個がつながったときに生まれる物質で、電気分解をすれば、きれいになくなってしまうものなのです。さらに、その水素分子と酸素分子も、陽子と電子の寄り集まったもので、その陽子と電子も、素粒子の集まりであり、ついには波やエネルギーになってしまうものでしかありません。これが現代科学で解き明かされた物質のあり方で、そのような本質のないあり方を、仏教では諸法無我と説いてきたのです。

つまり、諸行無常・諸法無我というのは、存在のあり方の根拠を示すもので、まさにすべてのものが因と縁によって、かりに今ここに姿を持っている縁起的存在であると説いているのです。すべてのものが縁起的存在であるということは、今の私も、たまたまこの姿をとっているということであり、本質的な私が居るわけではないのです。

だから、仏教では、「今、眼前にあるものを、あるがままに見よ」と説きます。善悪・良否・美醜・貴賤といった価値判断を捨てて、目の前にあるものを、ただあるものとして見るということが、正しい見方であると説くのです。

このように、ただあるものをあるがままに見るという立場が、そのまま涅槃であり、善悪・貴賤という世俗の価値に振り回されない立場に立つことによって、寂静の世界が開かれてくるのです。そして同時に、世俗の善悪・良否にとらわれて、ありのままの自分を駄目な自分と考えて見捨ててしまうような分別が破られ、ありのままの自分を縁起の道理のままに見ることができる心が開かれてくるのです。それによって、自分を否定し、自分を見捨てていた分別が破られ、自分を受け入れ、自分のままに生きていこうと立ち上がることができる、安らかな世界が広がってくるのです。

そして、阿弥陀如来の平等の慈悲というのは、このような縁起の法の平等性を根拠として、それを私たちにわかりやすく具体化して説かれたものだったのです。

ここまで話をしたとき、お医者さんが、

「そうなんですか。私たちは、もともと、絶対平等の世界のなかにいたということなのですね」

「そうです、そのとおりです」

このようにして、二回目の訪問が終わりました。

三、これが他力信心だったのか

信心を得た感動がないのですが

三回目の訪問は、五月十日になりました。お医者さんは、

「縁起の法が、絶対平等の根拠であり、私たちは、もともと絶対平等の世界に生きていたということは良くわかりました。それで、これと他力信心とは、どう関係するのですか?」

と尋ねられました。私は、

「自分は絶対平等の世界に生きていたと理解することが、そのまま他力信心です」

「えっ、でも、それは普通に理解したということでしょう。私は、『これで助かった!』とか、『ああ地獄行きをまぬがれた!』というような感動は、まったくありませんでしたよ」

「それは残念でしたね」

「残念って、あなた、信心歓喜という言葉があるじゃないですか。やっぱりご信心を得たら、感動するものではないのですか」

「確かに、感情に訴えて、阿弥陀如来のご本願を実感したというときには、感動が起きて

きます。しかし、あなたは、阿弥陀如来は理念だと言われたでしょう。それで私は、縁起の法を説明したのです。その場合には、ご信心は感動ではなくて、理解として受け止められるのです」

「そうなんですか。でも、ご信心をいただいたと言われても、以前の私と何一つ変わってはいませんけどねえ」

「凡夫のまま、変わらないまま救われるというのが他力信心ですから、それは当然です」

「そうですか。でも、まったくご信心を得たという手応えがないのです。『あっ、そうか』という感じしかないんですよ。これが本当に他力信心なのですか」

「実をいうと、一つだけ今までとは変わっているところがあるはずなんです」

「えっ、そうなんですか。それはどこです」

「あなたは、私と最初に出会ったときに、『ご信心を得なければ、死ぬに死にきれない』と言われました」

「ええ、確かに言いました」

「その気持ちは、今でもありますか」

「えっ、そう言われれば、死にきれないというような強い気持ちはなくなったような、少し肩の力が抜けたような気持ちではありますね」

「それが、ご信心を得て救われた姿です」

「でもこれは、『救われた！』『よかった！』というような感じではなくて、どちらかというと、『みんな、そのままなんだ』と、拍子抜けしたというか、『このままでしか、ないのかなあ』と居直ったような感じのほうが強いんですよ。本当に、これがご信心を得て救われた姿なのですか」

「確かに、最初は、居直りとご信心の区別はつけにくいかもしれません。でも、あなたの場合は、まちがいなくご信心を得た利益です」

「どうして、そう言いきれるのですか」

そこで私は、次のような説明をしました。

自力の心の正体は自尊感情

絶対平等の世界は、善悪・良否を超えた世界です。だから、その世界に触れると、善悪・良否にこだわっていたそれまでの自分の分別が壊れて、肩の力が抜けたようになり、「ああ、よかった」と安心することができるのです。

ところが、善悪・良否を超えた世界というのは、正しく受け止めないと、「自分はこのままでよかったんだ」という居直りになってしまって、さらに迷いを深めてしまうことになります。

では、どうして正しく受け止められないのかというと、自力の心が抜けていないからなのです。つまり、自力の心で他力の救いを受け止めるから、正しく受け止めることができないのです。

自力の心というのは、浄土真宗では、仏智疑惑のもととして、よい評価はされませんが、心理学やカウンセリングの世界では、自分のことを自分で責任を持って生きていこうとする心として、とても大切なものと考えられています。カウンセリングでは、人間が健全に生きていくときにもっとも大切なものは、自尊感情であると考えています。自分自身を大切にしていこう、また、自分には大切に生きる価値が確かにあると感じる心が自尊感情と呼ばれるものです。

このような自尊感情が豊かに育っていれば、苦しいことも乗り越えていけるし、つねに前向きに歩み続けることもできるのです。そして、自分に責任を持って、自分らしく生きていくことで、生きがいも生まれてくるのです。ですから、自分を肯定的に受け止め、自分にはきちんと生きていく力があると信じることは、とても大切なことです。つまり、自分は自分の力で生きていけると信じることは、生きていく上での基礎がしっかりとできているということなのです。

逆に、自尊感情を持てない人というのは、自分に自信が持てません。そのために、「こんな自分では駄目だ」と、自分で自分を否定してしまったり、「生きていく値打ちがない自分だ」と、自分で自分を投げ出してしまうことが多くなります。そのような自尊感情を持てない人が、強いストレスにさらされたり、大きな困難に出会ったりすると、「もうどうなってもいいや」と、すぐに自暴自棄になって、破滅の道に進んだり、絶望のあまり自殺するようなことになってしまうのです。

カウンセリングを受けに来る人の多くは、自尊感情が持てないために、絶望したり不安に押しつぶされそうになっている人です。ですから、カウンセラーは、その人たちが、自尊感情を回復できるように一生懸命にお手伝いをするのです。自分に自信を持って、自分独りの力で生きていける心を回復するまで、支え続けていくのです。

そのかいあって、その人たちに自尊感情が芽生えたら、それでめでたくカウンセラーの役目は終わるのです。あとは、独りでしっかりと生きていくことができるからです。

このように、カウンセリングでは、人間が健やかに生きていく基礎は自尊感情であり、それを回復すれば、人間は健全に生きられると考えているのです。

自力の心で受け止めると居直りになる

ところが、浄土真宗の教えでは、『唯信鈔文意』に、

自力のこころをすつというは、(中略)みずからがみをよしとおもうこころをすて、みをたのまず、

と説かれているように、自分に対する自信を捨てることが、自力を捨てることなのです。つまり、カウンセリングで大切にしている自尊感情というのが、自力の心であり、捨てるべきものとされているのです。

このような自力の心、つまり自尊感情を持った人が、阿弥陀如来の絶対平等の教えを聞いたとしても、それは居直りにしかなりません。なぜかというと、自尊感情は、自分自身を肯定的に受け止める心です。自分には短所もあるけれども、それに勝る長所もある。そして、自分なりにしっかりと生きているという思いがあるのです。そんな人に向かって、「絶対平等の救いです。ありのままに救います」

と呼びかけたとしたら、
「そうか、やっぱりこのままでよかったんだ」
と、さらに強く自分自身を肯定してしまうことになってしまいます。そして、今までよりも、さらに自信に溢れて生きていくことになるのです。

実は、このお医者さんのこれまでの人生は、まさにこの自尊感情に裏打ちされた、健全な人生だったのです。自分では、心配や不安があって、それをなくしたいと思っていたと言われますが、そんな心配や不安は、だれにでもあることです。でも、それよりも強く深く、自尊感情が育っていたために、八十二歳の今日まで、内科の医師として立派に生きてくることができたのです。

そのように、豊かな自尊感情に裏打ちされた健全な人生であったからこそ、凡夫の自覚を無理やり深めることもできず、他力の信心を深く喜ぶ気持ちも起きてきませんでした。いやむしろ、他力信心を必要としないほどに健全で健やかな人生だったといったほうがいいでしょう。

このように、現実の社会で健全に生きていくことのできる人には、他力の信心も、阿弥陀如来の慈悲による救いも必要ではないのです。ですから、その教えを聞かされたとしても、正しく受け止めることができず、ただ居直るような受け止め方になってしまうのです。

ようやく成就した凡夫の自覚

ところが、自分の死を目の前にして、私から話を聞きたいと言われたお医者さんは、今までのお医者さんとは違っていたのです。

末期の癌に侵され、死を目前にしたお医者さんは、今までの八十二年間の人生のすべてを否定せざるをえない状況に追い込まれていたのです。追い求めてきた他力信心が、死を目前にしてもいまだに得られず、八十二年の人生が、すべてむなしいものになろうとしているのです。その現実に直面して、お医者さんは、「このままでは、死ぬに死にきれない」と、深い絶望に落ちてしまい、今まで持っていた自信も自尊感情も、すべて消し飛んでしまったのです。

そのような状況のなかで、だんだんと凡夫の自覚が深まっていった心に向かって、阿弥陀如来の救いと、縁起の絶対平等の世界が説かれたのです。だからこそ、今度は素直に理解でき、絶望の淵に沈んでいた命に居場所が与えられ、穏やかな心が戻ってくることになったのです。

つまり、八十二歳で死を目前にした今になって初めて、他力念仏の教えを正しく受け止める時と機が熟したということだったのです。

言葉を換えていえば、八十二年のお医者さんの生涯は、つねに他力信心を得るための生涯であったともいえます。若くて力のあるあいだは、自尊感情があり健全であったために、ご信心を得ることを強く拒んでいました。しかし、それも、他力信心を最後に得るためには必要なことだったのです。どうしてかというと、求めても求めても得られないご信心ということがあったからこそ、八十二歳で死を目前にして、自分の全生涯の否定をしなければならなくなったからです。つまりそれは、凡夫の自覚を深めるために必要なことだったということです。

自尊感情の健全さを一気に吹き飛ばして、凡夫の自覚に至るためには、八十二年のあいだ自力の世界を精一杯生きる歩みが必要だったのです。そして、そのことがあったからこそ、「ご信心をいただけないままでは、死んでも死にきれない」という絶望が生まれ、それによって初めて、他力念仏の教えを正しく受け止めるための凡夫の自覚を成就することができたのです。

他力信心の救いが訪れた瞬間

私の説明を聞いて、お医者さんは、

「そうだったのですか、私はご信心をいただくために、八十二年の人生を生きてきたということなのですか」

「そうです。ご信心を得るために、八十二年もかかったということではなくて、八十二年の生涯が、すべて他力信心をいただくための生涯だったのですよ」

「そういうことなら、私は私なりの人生を、精一杯に生きたということになるのですね」

「そういうことです」


三回目の訪問は、こうして終わりました。

帰り際に私は、お医者さんに、一つの原稿を渡しました。それは、『自力の悟りと他力の救い』と題したもので、私が出版しようとしてまとめていたものです。それをお医者さんに渡して、「これを読んでみてください。今のあなたなら、十分にわかっていただけると思います」と言って帰りました。

私は、次に訪問するときには、その原稿を基にして、自力と他力のこと、浄土往生のことなどをお話しようと思っていました。

ところが、私の思いはかないませんでした。お医者さんの体調が急に悪くなり、私が訪れた次の日の五月十一日には入院され、五月十三日には亡くなってしまわれたからです。そのため、私はこのお医者さんに二度とお会いすることができませんでした。

しかし、時がたって、お医者さんの最期の様子を知ることができました。お医者さんのご長男が、お手次のお寺のご住職に、その様子を話されたからです。

お医者さんが五月十一日に入院されるとき、私の渡した原稿を持って行かれ、病床で何度も読まれたそうです。そしてついに、

「これで、良くわかった。良くわかった。ありがたい、ありがたい」

と、何度も何度も言いながら息を引き取られたということだったのです。

私は、それを聞いて、「良かった、間に合った」と、安堵のため息をついていました。

こうすれば得られる他力信心

阿弥陀如来のご本願を信じて救われるというのは、阿弥陀如来が、この私を摂取不捨されているということを信じ、自分が見捨てられていない存在であり、生きる価値のある存在であるということを実感することで、私の心に安らかさと、生きる意欲が生まれるとい

うことです。

また、自分の人生が、そのままで意味のあるものであった。そして、自分は自分なりに、精一杯生ききった人生を送ることができたという、充足感を与えてくださるものなのです。

しかし現代では、阿弥陀如来のご本願に摂取されている私であるとは、なかなか信じることができません。しかし、考えてみれば、阿弥陀如来というのは、本来、方便法身であると説かれているのですから、阿弥陀如来のご本願のはたらきといっても、それが事実としてあるわけではないのです。そうであれば、ご本願に摂取されているということを信じることができないというのは、当然であるともいえます。

しかし、方便法身としての阿弥陀如来のご本願が説かれたというのは、縁起の法の平等性を私たちに示すためだったのです。そうであれば、阿弥陀如来の根源である法の平等性を直接に実感すれば、それがそのまま、阿弥陀如来の平等の大慈悲を実感したことになるということです。

だからこそ、阿弥陀如来のご本願を信じることができないと思っている人であっても、縁起の法の平等性を知ることを通して、阿弥陀如来の平等の大慈悲を実感し、他力信心を得て救われることが必ずできるということなのです。

四、他力信心によって開かれる世界

自力と他力の分かれ目

縁起の法の絶対平等性を知ることができれば、阿弥陀如来の平等の大慈悲に摂取されていた私であったと実感し、他力信心を得ることができます。

ただ、他力信心を得たとき、「これで救われた」と心の底から喜びが溢れる信心歓喜の世界を開くのか、「そんなことか」と感動を起こさないで終わるのかは、実は受け止める私の心によるのです。

自尊感情を豊かに持ち、健全な心を持っている人にとっては、もともと、自分をありのままに受け入れるという自己受容は達成されています。ですから、平等の大慈悲による自己受容というのは、必要ではないのです。ですから、阿弥陀如来の平等の大慈悲に摂取されているということも、大きな感動とはならないのです。

これは、言葉を換えていえば、「自身は現にこれ罪悪生死の凡夫」という、機の深信が成就していない状態であるともいえます。

しかし、自尊感情が豊かであるということは、心理学的にはきわめて健全なことなので すから、決して自尊感情をなくして、機の深信を成就しなければならないということでは ありません。ですから、平等の大慈悲に摂取されていることを喜べないというときには、 自分が精神的な健全さを保っているおかげであると、冷静に受け止めておけばいいのです。

では、自尊感情が豊かで健全な人間には、他力信心は意味がないのかというと、決して そうではありません。実は、自尊感情には大きな課題があり、その課題を解決するために、 他力信心が重大な役目を果たすのです。

自尊感情の抱える課題を解決する他力信心

自尊感情の抱える課題は何かというと、乳児期に育てられる自尊感情は、無条件に自分 を受け入れてしまうために、自分を基準にした自己中心の世界観を正しいものと考えて、 それを疑うことをしないという、一途さを持ってしまうということです。

そのために、自分の世界に対する肯定感は揺らぐことがなく、つねに自信に溢れて前向 きに生きることができるようにはなるのですが、一方では、自分の世界のなかで築き上げ られた、「あるべき人間」の像や、「守るべき倫理」という規範についても、それが絶対に正しいものだと考えてしまうようになります。このために、豊かに育った自尊感情というのは、自分の命を前向きに生かす力となると同時に、規範に従うことを求める、強制力ともなっていくのです。

これらが、調和をとって進んでいけば、前向きで倫理的な人間へと成長発展していくことになるのですが、調和を乱し、少し極端になると、自分の基準からはずれる人間を、「良くない人間」として批判したり裁くということが起きてきます。そして、他者の世界を、柔軟に受け入れることができなくなってしまうのです。

さらに進んでいくと、今度は、その裁きの心が自分自身にも向けられるようになります。そして、自分の基準に照らして、「生きる価値がない自分だ」と考えたり、「生きていてはいけない自分だ」と感じて、自分を責めたり、命を投げ出すようなことも起こってくるのです。

では、他力信心はどうかというと、他力信心は、法の平等性を自覚するところから生まれるものですから、自分を肯定的に受け入れたとしても、自分を中心に考えるということがなく、自他を裁くということがありません。法の平等性というのが、すべてをありのままに受け入れるという世界であり、その世界を基盤にしているのが他力信心ですから、何かを排除するということがないわけです。

このような他力信心の、すべてを受け入れ、何者も排除しないという絶対平等の世界を実感することによって、自尊感情が持つ自己中心性と裁きの心の問題性を知ることができるのです。これによって、自尊感情を持ち健全ではあったとしても、それが極端に走ると、自己中心の傲慢な世界になり、自他を裁き排除する不寛容の世界にもなることを教えられ、そのことをわきまえて生きるという世界が開かれてくるのです。

自尊感情は独立自存のもと

自尊感情が持つ、自己中心性の課題は、もう一つあります。それは、自尊感情が、「自分は、自分の力で生きていくことができる」という、独立自存の生き方の根拠だということです。

カウンセリングでは、自尊感情の薄い人の援助をします。自尊感情が豊かに育っている人は、自分で勝手に生きていくことができますから、特にカウンセラーの援助を必要とはしません。ところが、自尊感情が薄い人は、

「自分に自信が持てない」

「何をしたらいいのかわからない」
「自分で決断するのが恐い」
というような、悩みや問題を抱えています。ですから、その悩みを解消し、健やかに生きていくための援助をすることになります。

そこで、カウンセラーは、「自分に自信を持つこと」や、「自分でもできた」という成功体験が持てるように、精一杯援助をして、だれの支えも必要としないで、自分独りで生きていける心を育てようとするのです。

自分独りで生きていけると、自信を持つことができるというのは、やはり、「自分は大切な存在であり、自分の決断は尊重される」と考えることができるからで、これはまさに、自尊感情が確保されているということにほかなりません。

ですから、人が健やかになるためには、自尊感情が持てるようになればいいと、カウンセリングでは考えていて、自尊感情を育てることに精一杯努力しているのです。

自力の心として否定される自尊感情

一般的には、自尊感情に基づいた「自信」というのが、人間が独立自存して健全に生きるために必要なものであり、それを豊かに育てることが、とても大切なことであると考えられているのです。

ところが親鸞聖人は、『唯信鈔文意』で、

自力のこころをすつというは、（中略）みずからがみをよしとおもうこころをすて、みをたのまず、

と説かれているのです。つまり、「自分に自信を持つこと」「自分を頼りにすること」は、自力の心であって、捨てるべきであると説かれているのです。そして、そのような自力の心を捨てた先に、他力信心が開けてくるといわれるのです。

しかし、現代では、このように自尊感情を否定するような、他力信心の教えは、自分の努力や自己責任を放棄した、安易な他者依存と考えられてしまって、大きな違和感を持たれるのではないでしょうか。

ではなぜ、他力信心の教えでは、「自信」を捨て「自己責任」を放棄させるようなことを説かれるのでしょう。その意味がどこにあるのかというと、それは、自尊感情が持つ自己中心性の課題を明らかにし、解決するという意味があるのです。

共生の世界を開く他力信心

そこで、自尊感情である「基本的信頼」を提起した、エリクソンの説明を、もう一度振り返ってみたいと思います。

エリクソンは、基本的信頼というのは、自分独りの力では生きていけない赤ん坊が、お腹がすいて泣いたり、おしめが汚れて泣いたりしたときに、養育者がすぐに世話をしてくれて、お腹がいっぱいになったり、快適な状況にしてくれたりすることのなかで、育てられていくとしています。

そのように、親身になって世話をしてもらえることを通して、赤ん坊は、「自分はずいぶん大切にされている」と感じるのです。そして、そのように他者から大切にされ続けることで、「自分は受け入れられている」という実感を深めることができ、そしてついには、「自分は生きる価値のある大切な存在である」という自尊感情が育ち、さらに、「この世界は生きる価値のある良い世界だ」という、肯定的世界観が育てられるというのです。

つまり、自尊感情というものは、人間ならだれでも、最初から本質的に持っているというようなものではなく、養育者という他人の心によって育てられるものだということなのです。だからこそ、乳児期の養育環境によって、自尊感情の豊かさに違いができるのであり、その違いが、個性にも反映されてくることになるのです。

ですから、自尊感情を根拠としている「自信」や「自己責任」ということも、本質的には、「養育者という他者の受容」ということを背景とするものなのです。

ところが、自尊感情は、自分が物心つくより前に育てられるために、自分のなかにもとあるように考えてしまうのです。そのために、「自分で何でもできる」という自己中心性や、自尊感情の薄い人を「変な人」と排除するような、自己中心性を心のなかに抱えてしまうのです。

しかし実際には、私たちは、「ありのままの自分」を、そのままで生きてもいいという根拠を自分のなかには持っていない存在なのです。ですから、自尊感情も、他者の心によって育てられる必要があったのです。その意味では、私たちの命は、「他者に受け入れてもらう」ことで、やっと「生き続けてもいい」と許されるような本質を持っているということなのです。そのような、私たちの命の事実を教えてくれるのが、他力信心の教えだったのです。

他力信心というのは、自分の心では生きる意欲を確保できないという自己否定をもととして、その絶望の状況のなかで、阿弥陀如来のご本願に出遇い、無条件の慈悲に呼び覚まされて、「このままで生きていこう」と立ち上がる心でした。つまり、他力信心の世界は、まさに、他者の願いによって生かされる世界なのです。このように、他者に受容されることによって初めて、自分に生きる根拠が与えられるという人間の心の本質を、他力信心は教えているのです。

つまり、人間の心というのは、「他者による受容」によって初めて、生きる意味も、生きる意欲も持てるようになるということです。そして、生きる意味と生きる意欲を、本質的に与えられるからこそ、その結果として、生きる喜びや生きがいを心いっぱいに味わうことができるようになるのです。

そのように、他力信心が明らかにした、人間の心の本質的な他力性を知ることによって、自尊感情が持つ、自己中心性が破られ、すべての人間を受容する世界が開かれるのです。

そしてさらに、人間は、お互いに受け入れあうことによって、初めて生きていけるようになる存在であることをしっかりと自覚し、受け入れあうことこそが人間らしさであり、受け入れあうことで、生きる喜びが生まれる存在であると、すべての人々と「共生」する世界を開いていくことができるようになるのです。

あとがき

長いあいだカウンセラーをしていて、気づいたことがあります。私のところに訪れて来る人は、自分独りの力では、状況を改善したり、悩みや苦しみを軽くすることができないからこそ、私に助けを求めてくるのです。ところが、そのなかでも、生きるエネルギーが豊かな人は、具体的な解決方法を知りたいと思い、それを教えてあげると、それを実践して自分独りで問題を解決していきます。

しかし、生きるエネルギーが少ない人、また、自分の心に深刻な問題を抱えている人は、まず自分の心のなかをゆっくりと整理して、それから、具体的な解決をはかることになります。

さらにさらに、生きるエネルギーが少なく、自分で自分をうまくコントロールできないような深刻な問題を心に抱えた人の場合は、自分を投げ出し、自暴自棄になっているような状況から、「生きていく意味のある自分だ」と、前向きに生きる意欲が出てくるようになるまでに、長い時間がかかります。そしてそのとき、一番力になるのが、心に寄り添い、決して見捨てないという受容的な世界で包むことなのです。

このような違いが生まれるのは、自尊感情がどれほど育っているかの違いによると考えられます。つまり、自尊感情が豊かに育っている人は、だれかに寄り添ってもらうことよりも、具体的な解決方法が見つかれば、後は自分独りの力で問題を解決することができるのです。そして、それによって、自分に対する自信をより強く持つようになり、自尊感情もより豊かになっていくということになるのです。

ところが、自尊感情が十分に育っていない人の場合は、具体的な解決策は、すぐには役にたちません。むしろ、解決策が見つかっているのに、それを実行できない自分であると、自分の駄目さかげんを目の前に突きつけられることにもなり、いよいよ自信をなくしてしまう結果になるのです。

このとき必要なのが、

「何もできなくてもいい、何もしなくてもいい。あなたの存在そのものが尊いから、私は決してあなたを見捨てない」

というカウンセラーの態度であり、その受容的な世界で丸ごと包み続けることです。そして、それによって、自尊感情が回復し、生きる意欲が出てくることを待ち続けることなのです。

このような経験を積み重ねていくなかで、仏教で聖道門と浄土門の二つの教えが説かれていることの意味を、理解できたように感じました。

浄土門は、何の力も持たないような人間であっても、すべての人を命の根源から救う教えであるという意味では、平等の教えであり、すべての人間が等しく救われる教えです。

しかし、生きるエネルギーに溢れた人にとっては、そのような、命を根源から救うという教えは、現実的には必要ではないのです。それよりもむしろ、現実をよりよく生きるためにはどうすればいいのかという、具体的な道を示してほしいと思うのです。そのために、数多くの教えが、聖道門の教えとして、それぞれの人に合わせて説かれているのではないでしょうか。

そのような、カウンセラーとしての実感を基にして、親鸞聖人が説かれた他力念仏の教えの意味を考えてみました。人間の心の救いを中心にして、平等の世界に触れることが、どのように人間の心に安らぎをもたらし、さらに生きる意欲を生むのかということに焦点を当てて考えてみました。

そのために、従来の教義学から見れば、大きな違和感があるかもしれません。しかし、他力信心を得たことによって生まれる喜びの意味が、これによって、現実的な意味を持つものになったと思います。本書を縁として、他力念仏の教えが、現代の人々にとっても、より身近な教えとなることを念願します。

またさらに、心に不安を抱える多くの人々にとって、他力念仏の教えが、安らぎと生きる意欲をもたらす教えになることを心から念じます。

最後に、本書の出版を実現してくださった、法藏館社長、西村明高氏に心からお礼を申し上げます。またさらに、編集段階から、数多くの助言と励ましをいただいた、編集部の満田みすず氏に、心から感謝申し上げます。

二〇〇九年八月一五日

和田真雄

和田　真雄（わだ　しんゆう）

1953年岐阜県に生まれる。1975年信州大学人文学部卒業。1980年大谷大学大学院博士課程修了。
現在、カップル・カウンセリング代表。有限会社和田企画取締役。
著書『気軽に読める、５分間法話　暮らしの中の、ちょっと気になる話』『ボケにならないための法話』『楽しくわかる阿弥陀経』『楽しくわかる正信偈』『楽しくわかる歎異抄 上・下』『人を愛するための法話』『老後に生きがいを見つけるための法話』『親鸞聖人のおしえ』『御文講座　末代無智の御文』『安らぎの世界を開く信心』（すべて法藏館）など多数。

私でも他力信心は得られますか？

二〇〇九年九月三〇日　初版第一刷発行

著　者　和田真雄
発行者　西村明高
発行所　株式会社　法藏館
京都市下京区正面通烏丸東入
郵便番号　六〇〇-八一五三
電話　〇七五-三四三-〇〇三〇（編集）
〇七五-三四三-五六五六（営業）

印刷　リコーアート・製本　清水製本所

ISBN 978-4-8318-8968-3 C0015